一站式解决成长的所有问题

葡萄甜甜

家庭社交
青春期攻略

刷刷/著

CNS

湖南少年儿童出版社
HUNAN JUVENILE & CHILDREN'S PUBLISHING HOUSE

图书在版编目（CIP）数据

葡萄甜甜：家庭社交青春期攻略 / 刷刷著. —长沙 ：湖南少年儿童出版社，

2014.5

（青苹果丛书）

ISBN 978-7-5358-7323-1

Ⅰ．①葡… Ⅱ．①刷… Ⅲ．①青春期—家庭教育 ②青春期—人际关系 Ⅳ．

①G78 ②C912.1

中国版本图书馆CIP数据核字(2014)第042684号

葡萄甜甜 家庭社交青春期攻略

总 策 划：欧阳沛
作 者：刷 刷
责任编辑：欧阳沛
质量总监：郑 瑾
视觉总监：进 子
封面设计：百纳·设计
排版制作：刘春瑶 吴学军 蒋永峰 彭进芬 涂 玲 郭 燕 黄 芸
插 画：刷 刷
特约编校：百愚文化
出 版 人：胡 坚
出版发行：湖南少年儿童出版社
地 址：湖南省长沙市晚报大道89号
邮 编：410016
电 话：0731-82196340 82196334（销售部） 82196313（总编室）
传 真：0731-82199308（销售部） 82196330（综合管理部）
经 销：新华书店
常年法律顾问：北京市长安律师事务所长沙分所 张晓军 律师
印 制：长沙超峰印刷有限公司
开 本：710×960 1/16
印 张：10
版 次：2014年5月第1版
印 次：2014年5月第1次印刷
定 价：22.80元

序

我的快乐来自我的身体

安武林

我快乐，我忧伤；我幸福，我痛苦；我恐惧，我孤独……当你把你的左手放在右手上并紧紧地握在一起，思考这些情绪和感受来自何处的时候，一种莫名的震颤会传遍你的周身，你会对一个字无限迷恋和惊讶：我！

"我"是一颗温暖而又顽强的种子，埋在你心灵的深处，埋在你身体的深处。当它冒出嫩芽的时候，你就开始作为一个具体的人而存在于这个社会上了，你与这个社会、这个社会与你就产生了密切的联系，你的价值和意义便成了你需要实现的目标。你会不停地追问和探索："我是谁？""我要到哪里去？"这些问题就是如此简单而复杂。

一个不了解自己的人，从某种意义上说不算是一个完整的人；一个不认识自己的人，对于别人和这个世界的了解无从谈起。人在这个世界上，首先要对自己负责，其次才是对社会和家庭负责。如果一个人对自己都不了解，那么责任感、道德观、使命感又从何而来？

人的生理和心理，是人最核心的东西。如果说人是一辆汽车，那么人的生理和心理就是汽车的心脏——发动机，我们的一切行为都受其支配和驱使。所以，熟悉和了解自己的生理和心理是非常重要的，可以说是人生的第一堂课。如果我们没有认真对待它，那么困惑和迷茫就会如影随形。许许多多天才人物是悲剧性的，在我看来，他们这种结局就是没有学好这门课和没有进行有益的调整而造成的。

这套书就像铺满鲜花的台阶一样，从心理和生理方面，给我们提供一种体贴而又细致的帮助。为了避免空洞的说教和知识性读物的枯燥，作者将漫画和文字巧妙地结合在一起，让我们在看图中，看到了新的阅读形式，而这势必增强本书的可读性和趣味性。很有意思的是，作者塑造了两个主要人物，一个男生，一个女生，他们是双胞胎。故事从不同的性别角度，对男女的心理和生理进行了描写和分析。更多的时候，我们看到的是主人公在心理和生理的相互作用之下产生的行为。

非常遗憾的是，我们在生活中，或者说在成长的过程中，很难得到这方面的帮助。或许是因为我们羞于启齿，或许是因为大人根本意识不到我们身体和心灵上的变化，所以，我们一直在黑暗中穿行。这是可悲的，也是无奈的。所幸的是，这套书像路灯一样，给我们幽暗的心灵之路和生理之路提供了一些光亮。如果我们能够真正了解自己，那么很多问题都可以迎刃而解。从大的意义上说，我们的人生观和世界观也能从故事中得到启迪和改变。

我的快乐来自我的身体，我的快乐来自我的心灵。

当我们不快乐的时候，我们就要采取行动，调整自我。愿所有年轻的读者朋友像向日葵一样，永远向着快乐、健康、幸福的一面。

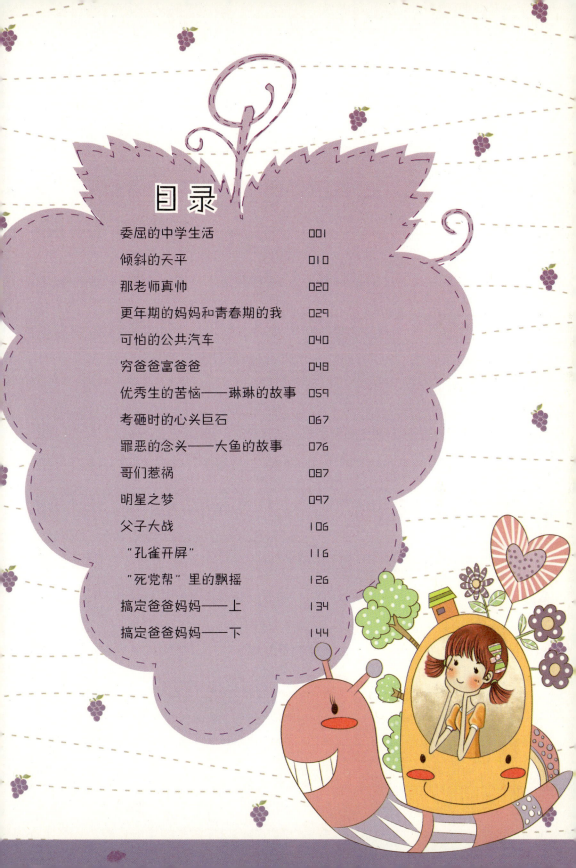

目录

我叫小甜，这是我的哥哥大帅，其实他一点都不帅，我总喜欢故意叫他大"衰"哥哥。

我和哥哥是龙凤胎，据说龙凤胎心灵相通，可是哥哥和我不仅不通，他还经常欺负我、笑话我，给我取了无数外号。

小细腿——难道瘦也是我的错吗？他的胳膊也不比我的腿粗啊！

黄毛丫头——现在不是都流行把头发染成黄色的吗？

唉……同学都羡慕我有哥哥，说有哥哥是最幸福快乐的！可是我怎么没感觉到快乐呢？哥哥喜欢拿我开玩笑，喜欢捉弄我，真的叫我很烦！为什么我有哥哥呢？如果我们家就我一个孩子就好了。

我是大帅！小甜是我的笨蛋妹妹，希望大家看在我的面子上不要笑话她。她说话就是这样没脑子，一个孩子？如果我们家只有一个孩子，那也是我大帅，而不是小甜，因为我是哥哥，我比她早出生5分钟！

大帅哥哥！
唉……又中招了。不知道为什么我总在哥哥面前出糗，好郁闷！

　　升入中学已经有2个多月了，可是我始终和大家走得很远！唯一的好朋友阿美还是我的小学同学。

　　你可不要怪我不和新同学交往，其实我很努力地去结交新朋友。找新同学说话啊，找他们玩啊，试着和他们讨论电影、故事书、作业等，可是不知道为什么，我总感觉自己和新同学之间被一种看不到、打不破的东西阻拦着。

　　开始我以为只是我一个人这样，后来我发现班里很多同学都是这样的，大家都和自己的小学同学更亲昵，交往也更密切。

　　"安小甜，你有蓝墨水吗？我的钢笔没墨水了！"说话的是坐我边上的赵琳琳。

　　赵琳琳可不是一个简单的女生哦。她在小学里不仅一直是班长，还是"三条杠杠"的大队长。开学的时候，班主任李老师任命她为代理班长。我认为她这个"代理"一定会转正的哦！

　　"对不起哦，我的墨水用光了！"我从抽屉里拿出墨水瓶。

　　"哦！"琳琳看起来很失望，"我喜欢用钢笔写字，这样写出的字才有力度，才漂亮！"

　　"嗯嗯！"我点着头，表示同意，琳琳的作业本是我见过的最漂亮的，"我记得语文老师端木老师有你喜欢的蓝墨水，我去帮你借一点！"

　　"好啊，谢谢哦！"琳琳看起来很开心，"马上要上课了，我们还是做完课间操再一起去借吧。"

　　"好的！"我高兴地坐到座位上，"琳琳，你的字真漂亮呀！"

　　"只要肯下功夫练，你也会写出漂亮的字！"琳琳像大姐姐一般拍拍我的肩。

　　这时候，上课铃响了，我立刻坐直身体。

　　这节是数学课，我有好几个地方听得似懂非懂。数学一直是我的弱项，我打心里惧怕数学。做课堂练习的时候，我一个劲儿抓头皮。这时候，琳琳把笔记本递过来，小声说："问题的关键是这个公式，你再好好琢磨下，注意公式的变形运用！"

"啊，明白了！"我顿时清醒好多，顺利地把课堂练习完成了。

"安小甜，你的答案是多少？"数学老师林老师问我，哈哈，我准确地说出了答案。林老师很满意："不错，今天你回答得非常好！"

得到林老师的表扬，我高兴极了，幸福地冲琳琳傻笑。啊，我突然感觉琳琳和我的距离拉近了很多很多！看来我要多一个好朋友啦，真棒！

课间操一结束，我就喊琳琳一起去借蓝墨水。

"抱歉啊，我要去WC（厕所），麻烦你帮我借一下哦！"

"没问题！这点小事情，不要客气！"

我拿着墨水瓶回到教室，琳琳还没回来，于是，我把墨水瓶放在她的桌子上，然后回到自己的座位上坐下。

窗户外有只小鸟喳喳地叫着，我开心地冲小鸟做个鬼脸：你也为我有新朋友高兴吗？我的心里美滋滋的。

"小甜，这是怎么回事？"是琳琳的声音。

我转过脸看向琳琳："不要客气啊，小事一桩哦！"可是……可是好奇怪，琳琳怎么一点都不高兴呀？

"是我拿错墨水了吗？"我站起来。

"你看看这里！！"琳琳的声音高了起来，"我的座位上怎么有墨水？"

我低头一看，哎呀！琳琳的座位上怎么有墨水呢？更糟糕的是琳琳的白裤子已经被染脏了一块。

"啊！"我吓得叫起来，"怎么……怎么会这样？"琳琳的脸色很不好看，我连忙解释，"这不是我弄的！"

"我刚才看见你拿着墨水瓶站在琳琳的座位边！"一个声音冒出来。

"她是不是故意的啊？琳琳，你今天穿的可是白裤子哦！"又一个声音响起来。

我想分辩！我想为自己辩解！但是，只有眼泪不争气地掉了下来。

"哎哟，还哭呢，搞脏人家的裤子，还有理了！"尖酸刻薄的话让我恨不得立刻消失掉。

"我……我帮你擦干净！"我从口袋里拿出纸巾。

"不用了！"琳琳冷冷地推开我的手，"墨水麻烦你还给端木老师！"

砰！墨水瓶被琳琳重重地放在我的桌子上。我的心被重重地敲打了一下。

接下来的课，我什么都没听进去，只是把头深深地埋在书本里，任凭眼泪不断地滑落。真是好委屈啊，是哪个坏蛋把墨水弄到琳琳座位上的？

琳琳怎么不相信我是无辜的呢？就因为我拿过墨水瓶吗？哦，琳琳，不要这么轻易地下结论啊！

这之后，琳琳不再和我说话，甚至连看都不看我一眼。很多次，我主动和琳琳说话，她都冷漠地把目光转开，我想：我再也不能和琳琳成为朋友了。

我想其他的同学一定也对我产生了误会和成见吧。当我走过他们身边时，本来有说有笑的几个人会突然散开。是不是在说我的坏话呢？否则怎么我一来他们就散开呢？我的课堂笔记没有记好，想找个同学借笔记本看看，可是没人愿意借给我。

"小甜，赵琳琳座位上的墨水是不是你搞的恶作剧？"大帅哥哥居然也不相信我，"如果是不小心弄的，承认一下有什么关系，现在弄得大家都认为你'心理变态'，说你是一个喜欢背后搞鬼的虚伪家伙，害得我在班里都抬不起头！"

"好了好了，你烦死了！你要是抬不起头就不要当我哥

哥好了！"我想我已经快坚持不住了。每天，我都像随时准备战斗的刺猬，我既怕别人议论我，更怕别人来欺负我。我好怕同学说我这不好、那不好，我变得非常敏感，一点点风吹草动都会令我进入一级"战斗"状态。

"安小甜，你怎么走了？"小组长在喊我，"今天该你值日，你怎么背起书包就走啊？"

"哦，我忘记了！"唉，我又做错了一件事！

我放下书包去拿扫帚，这时候就听到有人说："真的假的啊？值日都会忘记啊！是想逃避劳动吧！"

我的眼睛红了。

我默默地开始扫地，一下，两下……不要搭理他们，就当他们不存在。我在心里对自己说。然而可怕的声音不断传来。

"上次她把琳琳的裤子弄得没法穿了，听说那条裤子是琳琳新买的名牌裤子哦！"

"这个人心眼蛮坏的，以后要多提防她！"

"是啊，别看她长得可爱，内心其实很黑暗！"

"够了——"我再也忍受不了啦！

我大叫着冲到那几个同学面前："你们再敢说我坏话，我就不客气了！"我挥舞着手里的扫帚，像疯子一般，"我可不是好欺负的！我可不怕你们！"

"你脑子有问题啊！"

"你每天在班级里鬼鬼祟祟地走来走去，想偷听别人谈话，你以为我们看不出啊！"

"不要理她，这个人有毛病！"

"你们……"我气得不知道说什么好！明明是他们不对，怎么倒变成我没理了？很快，教室里就剩下我一个人，我蹲在地上越想越委屈，积压多时的苦闷让我不禁大哭起来。

"呜呜——"

不知道过了多久，一个温柔、甜美的声音在我耳边响起："小甜，你怎么了？这么晚了还不回家？"

我抬起头看到一张和蔼的脸。哦，是图书馆的何阿姨。

何阿姨的话

建立青春期健康的心理机制

"呵呵，这也值得哭吗？小甜，升入中学后，你们这些孩子进入青春期，既不像童年时那么简单、无虑，也不似成人一般成熟、稳重，在青春期，人会变得很敏感，很脆弱，心情会因为环境而变得阴晴不定。其实，你现在处于心理过渡时期，从童年向青少年转变，心理在慢慢成熟。你开始在乎周围人对你的态度和看法，也开始寻求一个人群适应点。你渴望在家庭、学校及各种环境中与父母、老师、同学保持融洽的关系，与人交往时，得到平等对待和尊重，建立稳定的同学关系和寻找自己的知心朋友，希望自己是个受欢迎的人。看起来你的要求很多，很难实现，其实，只要稍微调整一下心态，换个角度看问题，很多事情就可以从复杂变得简单。"

"小甜，你要有一个心理调整和适应的过程。大家都才升入中学，没有小学六年相处的感情基础，所以有距离，这时候要给自己一个心理准备期，不要一下要求别人接受你，也不要一下要求自己迎合别人。当你适应了中学生活后，随着大家学习和课外活动等增多，你要逐渐找到与自己志趣相投的好朋友。你可以提醒自己：我现在是中学生了，不会再像小学生那样一遇到事情就要和老师打小报告，应该学着自己解决和处理了。"

"嗯，我可能太敏感了！"我轻轻地说。

"遇到问题学会自我调节和缓解。当麻烦和误会出现的时候，不要激动，更不要对自己、对别人产生怀疑，你应该用行动去证明，让麻烦和误会消除。保持乐观向上的心态，用自己的真诚和笑容打动别人。随着时间的推移，大家会对你有所了解并愉快地接纳你的。"

听了何阿姨的话，我的心情好多了，看来，我要靠自己去改变目前的处境哦！

安小甜不是个胆小鬼！我一定要试着去调整自己，不能改变环境的时候，先学会适应环境吧！

小纸条1

可能我太内向，我总感觉和同学处不好。有时被同学欺负，我只会默默忍受，真想和爸爸妈妈提出换一个学校！

水里的鱼

我想转学不一定就可以改变你和同学的关系，建议你多和同学交往，主动地敞开心扉，先接纳别人，才可以让别人接纳你，对不对？！

小甜

小纸条2

我一点也不喜欢中学生活，我想回到小学，可是又不现实，真不知该怎么办！难道我就这么熬着吗？

海鸥飞飞

不知道你不喜欢中学生活的具体原因是什么，也许你是拒绝长大吧。其实，只要用心一点，你会发现读中学有很多乐趣呢！比如：你可以上化学课，做各种有趣的实验！还有上生物课，你可以了解很多有意思的事物。你既然知道不可能回到小学，与其烦恼，不如面对现在的生活，从中寻找自己喜欢的东西！

小甜

你是一个合群的人吗?

如果周末你和同学一起去自然博物馆参观,进门以后你发现有三个参观方向,分别是左边、中间、右边,你会选择哪个方向开始参观呢?

1.左边　　　　　　2.中间　　　　　　3.右边

1.你是极不合群的那种人

你总是喜欢独来独往。你潜意识里有一种反抗和抵触情绪,你平时和人交往表现得很敏感,遇到强大的对手甚至会有一点点软弱。你是一个逃避人群的人,但是你又无法长期处于独立状态,所以你内心很孤独,有时候会钻牛角尖,会走极端哦!试着接纳你周围的人吧,集体生活是很有趣的。

2.你是直爽不会掩藏的人

无论别人做什么事情,你总喜欢掺和一下,由于你喜欢群体生活而做事情又缺少计划与条理,所以你总成为吃力不讨好的人。当然了,你是个对小节不在意的人,即使别人骂你"没头脑",你也是一笑了之。你向往群体生活,大多数情况下是合群的一类人,也是人群里受气的人。

3.最典型的一类

你不喜欢惹人侧目,可以在一定的小圈子里得到别人的喜欢。你是容易被大家接纳的人。你知道如何和别人相处,也知道如何接近别人。大多数时候,你的意见会得到别人的支持。你喜欢随主流,有时显得缺少主见。

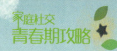

数学老师林老师走了，我原本晴朗的天空立刻被一大片乌云遮住了。

这一大片乌云就是新来的马老师！

有一次，我在走廊和马老师相遇，我热情地和他打招呼，可是他只是冷漠地看我一眼，便面无表情地走开了。当时我就愣住了，暗想：这个老师好奇怪，为什么这么冷淡？他是不是就是这么一个人啊？从此我便开始留心观察起来。

在学校，如果有同学和马老师打招呼，他立刻热情地回应；在教室上课，他总是叫其他同学回答问题，对我的举手视而不见，哪怕我把手举到他眉毛下，他也假装看不见；如果某个问题全班就我一人举手，马老师就会说，"看来大家还不明白，我再解释一遍"，简直就是剥夺我的发言权啊！这些还不算什么，每次做课堂练习，他对我的答案吹毛求疵，一会儿说我的字写得太潦草，一会说我的解题过程太简单，特别是考试，他对我更是苛刻到极点！

看来马老师唯独对我有点"不怀好意"呀！可是，我到底哪里得罪了他呢？他为什么对我总有一种说不出的偏见和讨厌呢？

"上次单元测验，全班有8个同学拿了满分！"马老师站在讲台上扫了全班同学一眼，"这些同学最近学习非常刻苦，成绩有大幅度提高！特别是大鱼！"

"什么，大鱼考了100分？"同学们窃窃私语，"大鱼进步好快呀！"

我看了大鱼一眼，他正一脸得意地看我呢！

马老师笑起来，其实他笑的样子很好看，可是他不肯对我笑一笑。

"大鱼最近成绩提高很快，这次考了100分，进步非常大！让我们给这些进步很大的同学一点掌声，相信他们都付出了很多的努力！"

哗啦啦！哗啦啦！教室里响起一片掌声。

接着，马老师公布了得满分的名单，没有我。我百思不得其解，上次考试，我的字写得很认真，解题过程很细致，怎么没得满分呢？我想不通。

　　考卷发下来了，我看着自己的试卷差点发疯。

　　"大帅，你怎么没得100分啊？这次考试对你来说应该很简单啊！"坐在边上的海子不解地问，"以前你经常得满分啊！"

　　我的考卷上，画着一个小小的圈，边上写着一行批注：少标点！就因为我回答问题的时候，少写了一个标点符号，被扣了0.5分！

　　真是太欺负人了！我的脸一阵红，一阵白，看得海子都紧张起来："大帅，你怎么了？别生气啊！下次你一定可以考第一名！"

　　我怎么能不生气？这简直是"鸡蛋里挑骨头"！这摆明了是和我过不去！看着马老师俯下身给别的同学解答问题，那个耐心、那个笑脸，我就有股怒火！当老师的怎么可以这么不公平？

　　"大鱼，你现在把正确答案给大家写在黑板上，我开始给大家答疑，谁有不懂的，我单独解释！"

　　以前林老师在的时候，公布答案、帮老师核对考卷分数等工作都是我做的，现在，马老师全部让大鱼做了！大鱼一直是我的数学竞争对手呀！

　　大鱼走到黑板前开始公布答案，我听见有人小声议论："怎么不喊大帅啊？他是数学课代表呀！"

　　"你不知道吗，马老师现在最喜欢的学生是大鱼，大帅不吃香了哦！嘻嘻！"

　　"大帅好可怜啊！被马老师打入'冷宫'了！"

　　听着这些议论，我心如刀割，我就像一个球技很高的人被教练罚坐冷板凳一般，好痛苦，好郁闷！我努力克制着自己，尽量让自己表现得不在乎，不以为意！一切让大鱼去做好了，我还轻松了呢！

　　慢慢地，我对数学课有了抵触情绪。上课时，马老师讲课，我就在座位上故意

制造各种刺耳的噪音或找其他同学说话；如果他批评我，我就干脆趴在桌子上睡觉。反正我要用行动表示我的不满，我的抗议！

下课了，马老师走到大鱼身边，把一本《数学题海汇总》递给大鱼："大鱼，这本书不错，你有时间多练习练习！"说完，马老师还摸了摸大鱼的头，那种亲昵样真叫我眼红。

"谢谢马老师！"大鱼接过书有意无意地扫了我一眼，那神情似乎在炫耀他"得宠"。

我扭过头，看着窗户外，心里好酸。真怀念林老师在的日子哦，那时候的我多风光啊，多自信啊，数学考试几乎每次都是全班第一，偶尔被大鱼超越，但是接下来我就打败了他。现在呢？马老师那么偏心地对大鱼，大鱼越来越自信，成绩越来越好，我真是被动啊，"第一"的位置看来很快就要被大鱼夺走了。

不！我决不能让马老师和大鱼把我打败！我得鼓起勇气战斗。对，这是一场战斗，属于我一个人的战斗。我是一个要强的人，既然马老师这么讨厌我，我偏要表现给他看看。我的牛脾气上来了，我对自己说："我得考出更好的成绩，做出更多的难题，我一定要让他对我刮目相看。"

放学了，我背着书包去书店，我不但买了马老师送给大鱼的《数学题海汇总》，还买了好多其他的参考书。回到家，我饭也不吃便开始做习题。我的天啊，这本《数学题海汇总》真是一本好书啊，不但题型多，而且题目非常灵活，比我平时做的练习题变化多很多！最最重要的是，这些题目好多是把几个知识点综合在一起运用。马老师送大鱼的这本书还真是好，如果我不做这些题目，说不定真会被大

鱼赶上！幸亏我聪明，买了这本书。哈哈！

我给自己列了一个学习计划，每天做好作业，还要额外做很多练习题。一段时间下来，我发现自己的基础知识掌握得越来越扎实，脑海里积累了很多题型，解题思路也变得灵活多变了。很快，我便在接下来的数学考试中考了全班第一，我不但轻松地把基础题做了出来，还轻松地答对了两道附加题！哈哈，全班唯一的满分哦！

"大帅果然厉害！"大家纷纷对我竖起大拇指。我想，这次马老师该表扬我了吧！他最喜欢的大鱼同学别说做附加题，就是基础部分也才考了90多分！结果呢？事情发生了变化！

"一个人成绩好不算什么，如果可以带动大家一起提高成绩，我才真的佩服他！"马老师不但没有表扬我，还出了一个"馊"点子。

"我们班大帅和大鱼的数学成绩都不错，现在我把全班同学分为两个数学学习小组，分别由这两个同学当组长，一个月后进行数学测验，哪个组的总分高，我就给哪个组的组长颁奖！"

"好哦！"

"太棒了！绝妙的好主意！"

这个点子得到全班同学一致赞同，既然这样，那我就和大鱼比试一下吧。

很快，马老师把分组名单交给我和大鱼，我看着名单差点叫起来：马老师把班里数学成绩不好的人全部分到我这一组，把成绩好的都分给了大鱼。

"大帅，不是我偏心，你成绩比大鱼好，你可以为你们这组争取很多分，是不是啊？"马老师第一次对我笑了，可是我从那笑里看不到真诚！马老师这招太狠了。

放学了，我把属于我这个数学小组的同学召集在一起。

"各位数学'达人'哦，老实说，我没信心把你们都带成一流的数学高手，我能做的就是帮助大家补习和教大家解题，我希望我们这个小组能战胜大鱼他们那一组！"

"大帅哥哥，我们都会努力的！"小甜第一个支持我，"上次你教我如何学数学后，我现在脑子清醒很多了哦！"

"嗯嗯，小甜能进步，我们也会的，大帅，以后请多帮助哦！"一个同学说完，还冲我弯腰行礼。

"哈哈，一定一定！"我高兴地说，"只要我能做的，请大家尽管找我哦！"

很快，我们两个数学小组开始了各自的行动。放学了，两组人员都自觉留在教室里讨论作业，我和大鱼则像老师一样给大家解答问题。大鱼那组的人毕竟基础好一些，很快便离开了教室，我这一组呢，都是基础差的同学，没办法，很多问题要翻来覆去地讲很多次才能让他们明白！等小组人员把数学作业做好，我才疲惫地离开教室。

从学校出来天已经黑了，我骑着车向家飞奔。到了家，匆忙地吃了几口饭，我便回房间开始做作业，做我的课外练习题。

三天下来，我累得够呛。为了给小组成员一个个说题，我说得口干舌燥，喉咙冒烟，大家基础太差，每天都是问题一大堆，不要说一个月后的考试战胜大鱼那组，我甚至担心自己的成绩会受影响。怎么办啊？不管小组成员吧，他们又那么信任我；管吧，我又有点力不从心。

"大帅哥哥，你好辛苦哦！"小甜端着一杯牛奶进来，"你这么帮助我们，我们都非常感谢你，可是你一个个地解释多累啊，不如给我们上课，集中回答不是省时间些吗？"

"对呀，好办法！"我拍了一下脑门，"我怎么没想到呢！"

第二天，我便把大家的问题集中起来，属于共同问题的先集中解答，个别问题再单独辅导。慢慢地，我摸索出一套经验：先给大家补习数学基础知识，然后重点做课后练习，渐渐地，我们在教室里停留的时间变短了，问题也开始少起来，而我自己因为反复给别人解释问题，成绩不但没受影响，反而做题更熟练、更快捷了。

一个月的时间很快就过去了，约定的数学测验来了。在考场上，我细心、谨慎地回答每一道题目，字迹格外清晰整齐，我必须为我们这个小组多争取一点分！我抬头看了看我的小组成员，大家都在认真答题，我在心里祈祷：希望大家都能考出好成绩，希望我们小组可以拿到总分第一。

结果出来了，我考了全班第一，但是我的小组总分比大鱼带领的小组总分低了很多。这个结果其实我早就预料到了，可是我总想：我花了那么多的时间和精力去帮助大家，也许会有奇迹出现吧！唉，我失败了。

当马老师宣布大鱼他们小组获胜的时候，我看向窗外，努力克制着自己的眼泪：一个月的辛苦就这么付诸东流了吗？

"各位同学！"马老师站在讲台上，示意大家安静，"我想说一说这次比赛的事情！"教室里安静下来，所有的人都看着马老师。还有什么可说的呢？你尽管去表扬你的好学生——大鱼吧！我在心里暗暗说。

"虽然大帅带领的小组没有取得总分第一，但是大家注意到了吗，这次考试，我们班没有一个同学不及格哦！"

"是啊！我们都考及格了啊！这是大帅帮助我们的结果呀！"大家纷纷把目光投向我。

"各位同学，你们肯定看出来了，自从我接手这个班后，我总和大帅'过不去'，对不对？我似乎对大帅有偏见，对不对？其实，我这么做是有原因的！"

面对老师的冷遇要冷静

"我上中学的时候和大帅一样，是班级里的数学尖子，考试经常考全班第一。然而我在高考的时候因为5分之差，落榜了！经过查询才知道问题出在我的数学上！"

"什么，数学？"大家不解地看着马老师，"您不是数学尖子吗？"

"是的，我因为平时书写马虎，考试的时候把数字'5'写得像'S'，阅卷老师判了我错误！当时我的懊恼和悔恨无法用语言表达。虽然我后来考进了大学，但是那次的打击让我牢记在心。后来我来到这里教你们，从大帅的身上我看见了曾经那个做事马马虎虎的我。于是，我采取了一个非常手段，我在批改他的作业、考卷的时候非常严格，我想大帅一定恨死我了，是不是呀？"

原来是这样啊！我目瞪口呆地看着马老师。

"当时我犹豫过，给大帅这样的冷遇他接受得了吗？但是大帅做出的反应令我非常满意。他不但开始认真书写作业，而且更努力地学习和钻研数学，我想：他这么刻苦是不是可以影响班里的其他同学呢？于是我安排了数学比赛……"

"原来马老师是给大帅下了'圈套'啊！哈哈！"琳琳大笑起来。

"安大帅同学，我希望你能理解老师的这一片苦心！其实老师很喜欢你！"马老师说到这里冲我和善地笑了笑，"各位同学，其实每个老师都不会刻意偏袒某个同学。全班那么多同学，老师当然会把注意力放在最需要关心的同学身上，比如我们班的大鱼，他有数学天赋，可是他缺少鼓励，我一再给他机会，就是希望他可以对数学产生兴趣，提高成绩。现在的大鱼，是不是进步很大呢？而这些刺激了大帅，让大帅从一个被动学习的人转变成一个给自己施压，主动学习的人，大帅，我说得对吗？"

"是的，是的！"大鱼站起来点着头，"马老师，您对我的帮助太大了！"

"没错，"我想起我列的学习计划，点了点头，"以前我确实只是完成老师布置的作业，从没像现在这么积极地学习呢！"

"各位同学，我们学习不是为了讨好某一个老师，更不是和某个老师斗气。英语中有句话叫"You can't please everybody（你不可能取悦每一个人）"，如果你感觉老师对你有偏见的时候，不要想太多，即使没有别人的掌声，也要对自己说'我是最棒的'，要相信自己。老师不过是你人生中的一个过客，不可能主宰你的世界呀！大家好好努力吧！"

小纸条1

这次英语朗诵比赛，我们老师让我参加比赛却不给我辅导，看着她辅导其他同学，我好眼红呀，老师怎么这么偏心啊！

Betty

小纸条2

我们的物理老师因为一个同学长得很像她，所以特别偏心，给那个同学打的平时分都比我们高，我们可看不顺眼了，可是又没办法！唉！

一片叶子

你应该高兴才对，说明你比其他同学更有获胜的可能性，老师才没有单独辅导你呀！

大帅

我想那个同学学习认真、比较听话，物理老师才喜欢她的可能性更高吧！

小甜

我还清楚地记得升入中学后的第一节语文课。

那天，铃声响过之后，老师来了。

当他站在讲台边的时候，我们都暗暗打量着他：三十多岁的年龄，瘦瘦的身材，白皙的面庞上架着一副黑色的眼镜。一个看起来很普通的老师！

"同学们好，我姓端木，以后你们可以喊我端木老师。现在，请大家打开课本！"说完，他转过身，用粉笔在黑板上用力地挥舞着，很快，一行漂亮的粉笔字出现在黑板上。

"哇——"大家不由得赞叹起来，"好漂亮的字啊！"

"好棒！"我冲端木老师竖起大拇指，"端木老师的字比我的'狗爬字'强很多很多啊！"

"哈哈——"大家都笑了起来。

"呵呵！"端木老师也笑了，"好吧，我现在还没有语文课代表，就请这位'狗爬字'同学来担任，我负责教你把字练好，怎么样？"

"小甜，你快答应啊！"大家起哄，"免费的书法老师哦！"

"一言为定！"我立刻坚定地站起来，"我叫安小甜，请端木老师以后多多关照！"说完，我弯腰行了一个礼。

"哈哈！"

教室里飞扬着快乐的笑声，与新老师的陌生感、距离感立刻消失得无影无踪。

很快，我们便发现端木老师不仅字写得漂亮，他肚子里还装满了雨果、大仲马、小仲马、巴尔扎克、海明威、川端康成等人的作品，唐诗宋词，更是随口就能背诵出来，最最令人佩服的是，我们经常看见端木老师的文章发表在报纸和杂志上，在他的影响下，班里掀起一股"端木风"，大家不是背诵唐诗宋词，就是拿笔开始写各种小文章。而我，作为他的课代表，自然得到他额外的关照和帮助。嘻

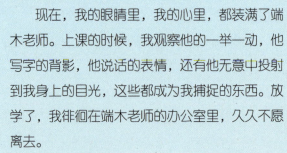

嘻!

　　端木老师没有食言，每个周末，我都在他的办公室跟他练习写钢笔字。我的字越写越好，我和端木老师的关系也越来越亲密。

　　一段时间下来，我已经熟练掌握书写的技巧，但是不知道为什么，我总要冒出些鬼主意，故意不按他说的规范写某个字或某个笔画，非要端木老师握着我的手写一遍。当这些小小的诡计得逞时，我心里总是偷偷地发笑。

　　"哎哟，小甜，你这个字怎么老是改不了呢？我已经教你好多遍了！"端木老师不满地在我头上敲了一下，"最后教你一次哦！"

　　端木老师和往常一样，握着我拿笔的手，纠正我的错误。当他的气息传递到我面前时，当他指尖的温度在我手上漫延开来时，我的心莫名地颤抖着。我陶醉了，陶醉在端木老师身上淡淡的肥皂味和他的气息中。

　　我想我已经从对端木老师的崇拜转为爱慕了。真的，我越来越喜欢和端木老师独处的周末。

　　现在，我的眼睛里，我的心里，都装满了端木老师。上课的时候，我观察他的一举一动，他写字的背影，他说话的表情，还有他无意中投射到我身上的目光，这些都成为我捕捉的东西。放学了，我徘徊在端木老师的办公室里，久久不愿离去。

　　我已经不能专心写作业了，因为我常常写着写着，就呆呆地看着窗外，脑子里浮现出端木老师的身影。

　　我会想象各种画面，想象我和端木老师一起散步，一起读书，想象我和端木老师拥抱在一起，甚至想象端木老师亲吻我。每次想到这些，我会脸红，心跳加速，之后我有些担忧，我知道，我和端木老师如果谈恋爱，非在学校，不，

是在整个城市掀起一场风暴不可。流言
蜚语会铺天盖地地向我们飞来，不是
吗？现在，班里的同学已经注意到我对
端木老师有着不一般的感情，他们总是有意无意地
和我开各种玩笑。

"小甜，你怎么开口闭口都是端木老师？"

"小甜，你怎么老去端木老师办公室？"

特别是我的好朋友阿美，她居然趁课间休息的
时候，站在走廊上悄悄地问我："小甜，你是不是
爱上端木老师了？"

"哈哈，怎么会？"我故意笑着，掩饰着，
"他是我的老师呀！"

"是吗？"阿美似乎不相信，"我倒是越来越
喜欢端木老师了！"

听了这话，我顿时很不高兴，虽然阿美是我的
好朋友，但是，我不能容忍她和我"争夺"端木老
师！不能！哼！

正说着话，端木老师抱着教具和一摞作业本走
来了。

"端木老师，我来帮你！"阿美立刻迎
上去，准备帮端木老师拿语文作业本。

"你抢什么？你又不是课代表！"不知
道为什么，我的心中冒起一股火，我伸出
手，赶在阿美之前把作业本接了过来。

"真是个马屁精！"我恨恨地对阿美说
了一句。

"小甜，你说谁马屁精？"阿美气得脸

都红了。

"就说你！"我毫不客气地说。

"你……"阿美被我气得说不出话，"小甜，你再说一次，我就和你翻脸了！"

"翻就翻，有什么了不起的！"我已经不把阿美当朋友了。

"好了好了，别胡闹了！"端木老师拍拍我的肩膀，"马上上课了！快回教室！"

这节课我坐立不安，我发现班里的女生都用崇拜的目光关注着端木老师，特别是阿美，她使劲地表现着。端木老师提问，她把手高高地举起，似乎要举到端木老师的眼皮子下；端木老师打了个有趣的比方，她马上就张大嘴巴哈哈大笑起来！

可恶！我在心里咒骂着，恨不得冲过去给她几巴掌。

"小甜，这个问题你回答！"端木老师突然喊我。

"我……"我不知道该回答什么，茫然地站着。

"小甜，你上课时间在想什么？"端木老师的脸色很不好看。

"她在做白日梦吧！"阿美在一边讥讽着。

"哈哈！"全班哄堂大笑。

"丁零零！"正在这时候，下课铃声响了。

我尴尬地站在座位上，默默地看着端木老师。端木老师看上去很失望。他一边收拾东西，一边对我说："小甜，你最近怎么变得怪怪的？不要魂不守舍，马上就要期中考试了，你要把心思用在学习上，好好复习，争取考出好成绩！"

"嗯！"我的眼睛里含着泪水。端木老师难道感觉不到我对他的特殊感情吗？我的眼泪滴答滴答地滚落下来。端木老师摇摇头，走了。

一连几天，我都像霜打的茄子，耷拉着脑袋。我恨那些女生总是像苍蝇一样围绕着端木老师，她们总喜欢找各种问题纠缠着端木老师。

我的内心越来越痛苦，人变得越来越沉默。我努力克制着自己，努力不让自己去想端木老师，但是，整夜整夜，我翻来覆去根本睡不着。

我强迫自己闭上眼睛，迷糊中，我发现自己居然坐在教室里，班里的同学都不见了，教室里就剩下我和端木老师。端木老师对着我笑，我正想冲过去扑进端木老师的怀抱里，突然，周围冒出无数尖锐的声音，无数人指着我大骂："小甜，你是介入端木老师家庭的第三者！你是一个不要脸的狐狸精！"接着，大家又冲端木老师吐口水，大骂端木老师是个"道貌岸然的伪君子"！

"救命！"我吓得一下坐起来，"原来是个梦！"我紧绷的心弦顿时松弛了。幸亏是个梦，我重新躺下，看着天花板，再也不敢闭上眼睛，我好怕梦里的一切变成真的！

我该怎么办呢？

谁可以帮帮我，救救我？

突然，我想到了学校的心理辅导医生——林医生，也许，也许我该去那个地方问问，但是，我怎么好意思走进那个地方？

但是，不去，我又怎样解脱呢？思来想去，我决定明天放学后去学校心理诊所看看！

从容应对"师生情"

"小甜，你这样的故事我可不是第一次听到哦！很多人在读书的时候，不管是男生还是女生，或多或少会有恋师情结！"林医生笑着说，"对青春期的女生来说，喜欢上自己的老师是很正常的。因为在这个阶段，女生接触的男性比较少。班级里都是一些'臭男生'或者'毛头小子'，女生很容易把注意力转向周围的男老师，特别是当某个男老师很有魅力的时候，这种情结更容易产生。

"小甜，当你真的对老师产生了崇敬、倾慕的感情时，请你珍惜和自爱。不要用非分的欲念和失误的行为去玷污师生情。学生和老师是社会赋予的角色，一旦师生情谊变为师生恋或其他不正常的感情，师生情谊就会丧失原先的美好与纯洁。陷进去的人们会被随之而来的尴尬和烦恼困扰。这些会给人们造成痛苦，小甜，你得及早调整自己的心理，如果沉溺其中不能自拔，就会影响正常的学习和生活！"

"可是，林医生，我该怎么做呢？"

"你可以多和班级里的男同学进行正常的交往。如果与多个男同学保持友谊关系，就能比较客观地评论和看待男性。阳光、有活力、勇敢等男孩子的优点很快会影响你的心理，让你走出'恋师'的忧郁和彷徨。由于男女同学之间的友谊是光明和健康积极的，所以你不会有任何负担和压力。另外，你可以转移自己的注意力。陷入'恋师'情结的人，很容易钻牛角尖，情绪波动大，容易生气和忧郁，这个时候，要及时分散自己的注意力，如：喜欢读书，就读读自己喜欢的书；喜欢搜集小玩意，可

以整理自己的收藏品等。有条件的，还可以去旅行，让大自然的美好感染、熏陶自己。"

"听您这么说，我心里似乎轻松多了！可是，林医生，您知道吗，喜欢自己的老师，真的会无力自拔哦！"我不好意思地笑了笑。

"你可以把'恋师情结'的苦恼转为学习的动力呀！喜欢老师，那你自然希望老师也喜欢你，对不对？老师喜欢成绩好、性格活泼的学生，老师会为有这样的学生得意和骄傲，所以，你就用优秀的成绩来回报老师对你的关心和爱护吧！相信，这样的你会更漂亮，更能得到老师的青睐！小甜，人的心理是很微妙的，我们都会陷入对某个特定对象的情感之中。但是作为中学生，我们首先要把心思用到学习上。也许有一天，当你回首这段往事的时候，你会为自己现在的想法发笑呢！"

当我如释重负地走出心理诊所时，我想：明天，当我看见端木老师的时候，我一定要表现得自然和坦然。努力提高成绩，做他最喜欢的学生吧！

我的政治老师不帅，也不高，可是他上课非常幽默，枯燥的政治课上居然不断爆发出笑声。我非常喜欢他，这正常吗？

九米阳光

我感觉语文老师像我去世的妈妈，所以我特别喜欢和她亲近。语文老师知道我的家庭情况后，对我格外疼爱，我一有时间就喜欢待在语文老师的办公室里。现在同学们都在背后议论我有"恋师癖"。

奔腾的小溪

很正常！你要努力学好政治，努力提高自己的各科成绩，做一个老师喜欢的学生。你也可以学习政治老师开朗、乐观面对生活的态度哦。

小甜

能遇到这么好的老师真是你的福气，快用优秀的成绩回报她对你的疼爱吧，别让老师失望哦！

大帅

更年期的妈妈
和青春期的我

葡萄
甜甜

妈妈真是越来越老土，甚至有点"变态"了。不是我背后说她坏话，我是真的这么感觉的哦！！

有一天，我在家里放周杰伦的歌，妈妈听了半天，问："这个人是谁啊？唱的是什么？"

"妈妈，你不会连周杰伦都不知道吧？"我吃惊地看着妈妈，"这么有名的人，你都不知道吗？"

"哇啦哇啦是说话还是唱歌啊？我怎么一句都听不清楚，他是不是才学唱歌啊？舌头都伸不直！"

"妈妈，周杰伦是很有名的歌星！"我立刻站起来，跑进房间拿出一张周杰伦的宣传海报递给妈妈，"你好好看看哦！这个就是周杰伦，以后不要说不认识，免得我同学听到笑话你！"

"哎哟！就是这个小眼睛男人啊！"妈妈居然大笑起来，"唱歌像念经，长得还这么丑，太好笑了！你怎么喜欢这样的人啊？要喜欢就喜欢刘德华呀，人家好歹是帅哥！"

"不和你说了！"我生气地把海报夺回来，"刘德华难看死了！"妈妈真是的，不喜欢周杰伦就算了，为什么要说这么多难听的话呢？

我生气地走回房间，可是妈妈竟然跟在后面唠唠叨叨："我告诉你，以后不许听这些乱七八糟的东西！有时间听听外语，不好吗？"

"烦死了！"我嘀咕着。

"你说什么？我烦死了？"妈妈正要质问我，突然她像发现新大陆般怪叫起来，"天哪，小甜，你看看你的房间！这像女孩子的房间吗？乱七八糟，乌烟瘴气，瞧瞧，地上丢着枕头，椅子上挂着臭袜子！哎哟，你的桌子是垃圾站吗？"妈妈指着房间愤怒地说，"你怎么这么邋遢？真是太不像话了！"

"这有什么啊？不就乱点、脏点吗，有什么大不了的？"我心里好烦妈妈这样说话，"为什么我得样样按你的意思办呢？我能不能有点自主权啊？"

"自主什么？等你翅膀硬了，能飞出这个家了，你再去自主！现在你必须按我的意思办！马上把房间打扫干净，否则就不要吃饭了！"

我能有什么办法，现在不管说什么，妈妈总会有一大堆道理。

刚坐到桌子边，我就听妈妈向爸爸说："昨天我们单位的小李回家把女儿莉莉打了一顿。"

"为什么呀？小李平时很宠女儿的！"爸爸好奇地问，我和大帅哥哥也竖起耳朵想听听是怎么回事。

"莉莉昨天和几个同学居然跑到机场去接那个超级女声的李什么春，弄到晚上十点多才回家，小李气死了，狠狠揍了女儿一顿！真不知道现在的小孩子是怎么想的，花大把的钱去追星，追就追吧，居然还搞粉丝团，真是脑子坏掉了！"

"哦。"爸爸看了看我和大帅哥哥，我们两个吓得赶紧低头吃饭。

"我吃好了！"大帅哥哥把饭碗一推，一下钻进房间。我也赶紧站起来，再坐着，妈妈的批判大会就要开到我头上了。

"小甜！"妈妈一下叫住我，"你最近考试成绩怎么样？数学成绩提高了没有？"

"我最近很努力啊！"怕什么偏来什么，我最怕妈妈问数学，只好敷衍一句，"明天有数学小测验，我温习去了！"不等妈妈回答，我就逃进房间。

"唉……"我长叹一口气，拿起数学书。我还是待在自己房间好，不用听妈妈的啰唆和教训。

第二天的数学小测验，我考得很顺利，所有的题目都回答了。自从按大帅哥哥的指点改变学习方式后，学数学果然轻松了一些。

下午，数学老师就把考卷批改出来了。

"这次考试大家都考得不错，尤其是一个同学，我要重点表扬一下！"数学老师一边说，一边举起一张考卷，"这个同学考了92分，虽然不是全班第一，但是她的进步非常大！"

"谁啊？谁进步非常大啊？"同学们窃窃私语，我想：如果这个人是我该多好啊，我现在好努力、好努力哦！

"这个人就是安小甜！"数学老师指着我，"请安小甜来领取试卷！"

我简直不敢相信自己的耳朵，原来真的是我！我居然考了92分啊！欣喜若狂都不足以形容我的心情！我在一片掌声中领回了自己的考卷，心里喜滋滋的。

"小甜，你好棒哦！"放学的路上，大帅哥哥一个劲地说，"回家妈妈肯定要表扬你了，搞不好带你出去吃比萨饼呢！到时候你可一定要记得带上我哦！"

"一定，一定！好说，好说！哈哈！"嘻嘻哈哈地和哥哥一边骑车，一边愉快地说着话。

"妈妈——妈妈——"一进家门，我就大叫起来，"妈妈，今天数学小测验我考了92分！"

"叫什么叫？"妈妈从厨房走出来，"整天疯疯癫癫的，哪像个女孩子！"

"妈妈，你看这个哦！"我把考卷递给妈妈，"今天的数学我考了92分！嘻嘻！我是不是很棒啊？"

"是全班第一吗？"

"不是啊，不过已经很不错啦！"我等着妈妈夸赞我，可是妈妈看起来一点都不高兴："又不是全班第一，高兴什么？为什么不能考得更好呢？一个小测验而已！"说完，妈妈转身进了厨房。

怎么可以这样？我一下愣住了，为什么一定要我和别人比呢？我取得这么大的进步居然也不表扬我！真是太……太可恶了！

我一屁股坐到沙发上，呜呜地哭泣起来。

"小甜，你怎么了？"爸爸从画室走出来，"哭什么？"

"爸爸，小甜数学考了92分，妈妈不满意，把小甜教训了一通！"大帅哥哥对爸爸说，"妈妈现在什么脾气啊！动不动就喜欢教训人，是不是到了更年期？"

"这个……"不等爸爸说话，妈妈端着菜走出来了。

"你哭什么哭？"妈妈没好气地冲着我嚷起来，"说你几句都不行吗？我在单位忙，回家还要忙，你不考好点，对得起我吗？"

"呜呜——"我觉得妈妈真是不可理喻，"我以前数学总考不及格呢，现在都考到90多分了！你还要我怎么样？"

"怎么样？考不及格很得意吗？我像你这么大的时候，考试从来没考不及格过！92分有什么，下次考个100分给我看看！"妈妈越说越气，几乎咆哮起来，"真是白养你了！你小时候生病，我半夜背着你去医院；你心情不好，我还得给你做思想工作！我为你做了那么多，你怎么就不知道回报？我就是养只小猫，它还知道帮我抓老鼠呢！"

"那你养只猫好了！"

啪！我的话才出口，一个耳光就打到我脸上。我捂着脸，愤怒地看着妈妈："你打我？"

"不打你还得了？越来越不像话了！你就是从小打得太少了！"

"我恨你——"我转身跑进了房间，趴在床上使劲地哭着。

嘀嘀！我的手机响起来，按下阅读键，屏幕上出现了几行字，是大鱼：

小甜，祝贺你啊！考得这么好，是不是在外面下馆子庆祝呢？

下个屁馆子哦！

我立刻回了一条信息：

不但没受到表扬，还被妈妈打了！

嘀嘀！大鱼回了一条：

不会吧？你妈妈是不是到了更年期？同情你一下！

唉，可怕的更年期！妈妈怎么变得这么讨厌？这么粗暴？人家说更年期的女人像老虎，看来妈妈真的是到了更年期！

嘀嘀！手机又响起来：

小甜，我感觉你是我们班最可爱的女生，上次你拒绝做我妹妹，现在我不要你做我妹妹了，我要追你，让你做我的女朋友！

哎哟，这个死大鱼，真是讨厌！怎么开这样的玩笑啊！过了一会儿，我扑哧一下笑起来，是不是想逗我开心呀？算你狠，这样的办法也想得出！哈哈！

第二天上学，一进校门我就看见了大鱼。

"拜托啊，别开那么恶俗的玩笑，好不好？"我一边说一边敲打大鱼的头，"我可不做你的女朋友！无聊！"

"小甜，我是真心这么想的啊，别拒绝我哦！"大鱼一本正经地说，"你考虑考虑！"

"啊？"

看着大鱼的背影，我一下没了主意。怎么会这样啊？大鱼怎么给我出这么一个难题啊！我装着心事在学校混了一天，要不要告诉大帅哥哥呢？算了，他万一张扬出去，我可没脸见人。那找谁商量呢？我惴惴不安地回到家，发现妈妈已经摆好了一桌子的菜。

"小甜，快洗手吃饭哦！"妈妈招呼我，"今天我买了你爱吃的排骨哦！"

"哦！"我看着妈妈笑眯眯的样子，突然想：是不是和妈妈说呢？以前遇到问题都是她给我拿主意的！

"小甜，你怎么埋着头吃米饭？吃排骨啊！"妈妈把一块大排骨夹进我的碗里，"多吃点！学习这么辛苦要补充营养哦！"

今天妈妈怎么这么温柔啊？好像又回到以前了。本来我还记恨妈妈昨天打我，但是看着妈妈对我这么"殷勤"，我一下就原谅妈妈了："妈妈，我有件事情想和你说哦！"

"什么事情？"妈妈看着我问。

"一会儿到我房间说，好不好？"

　　"好啊！"妈妈对着我笑起来，"躲起来说！"

　　"哎哟，什么事情那么神秘啊？不要回避我们呀！"爸爸开玩笑说，"带我听听，好不好？"

　　"哈哈！"我们都被爸爸搞笑的样子逗笑了。

　　如果我知道现在哈哈大笑的我很快就陷入后悔中，我便不会笑得这么高兴了。你知道后来发生什么了吗？我慢慢说给你听吧。

　　当我把大鱼发的短信给妈妈看的时候，为了不让她担心，我不断地说："我坚决不会和大鱼谈恋爱，我现在只想好好读书，考进重点高中，然后去上我向往的大学，实现自己的作家梦！"

　　我和妈妈说这些，主要是希望她帮我想个妥善的解决办法，可是我得到了什么？

　　"小甜啊小甜，学习这么紧张，你居然还惦记这个事情？全班那么多女生，大鱼为什么找你？你说啊！平时疯疯癫癫，一点规矩都没有，难怪男生找你麻烦……"妈妈滔滔不绝的话语铺天盖地地砸向我，我被她的样子吓坏了。

　　饭桌上笑眯眯的妈妈哪去了？这个

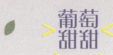

凶狠的人是我的妈妈吗？

"小甜，大鱼家在什么地方？我要去他家找他父母好好谈谈，让他们看看他们家的流氓儿子干的好事！"妈妈对着我歇斯底里地叫着。

"妈妈，你不要去大鱼家啊！"我几乎要哭了。

"不去他家？我还要去你们学校呢！我要告诉你们老师，让你们老师好好教育教育大鱼。这么小的年纪就知道谈恋爱，长大肯定是个流氓……"

妈妈越说越难听，我捂着耳朵大哭："妈妈，别说了，别再说了，求求你！"

"出什么事情了？"爸爸和大帅哥哥一起过来了。

妈妈添油加醋地把事情跟爸爸说了一遍，末了还加一句："昨天你还怪我对小甜要求太严格，不该打她，现在你知道了吧？不对她严格点，她就要犯错误了！小甜都被你宠坏了！"

"小甜！"爸爸被妈妈说得也生气了，"你怎么这么不叫人省心？你是不是要气死我？真是白疼你了！"

这之后，我只要发手机短信，妈妈就会要求我把手机给她看，如果我不肯，她就会说："有什么不可告人的事情？"接着，她就会把大鱼的事情拿出来"晒"。

我再也不会把心事告诉妈妈了，告诉她有什么用？她只会像抓住我的小辫子一般，动不动就教训我。我的心好痛，我开始对妈妈产生仇恨感了。

现在妈妈一批评我，我就很反感，有时候忍不住会和她顶嘴，最后不是被骂就是被打，真不明白，她到底爱不爱我呢？我越来越容易激动了，心里装着火药罐一般，一遇到妈妈这个火种就会爆炸。唉，可怜的青春期遭遇可怕的更年期，好惨哦！

放学了，我和琳琳、阿美去吃冰激凌。

"好郁闷哦！"我叹气道，一会儿回家又要遇到妈妈，真是烦。

"你怎么了？"琳琳问。

"妈妈似乎到更年期了，动不动就发脾气！"我闷闷不乐地说，"真不知道该怎么应对她，可怕的更年期女人！"

"我妈妈也是更年期女人呀，"琳琳看着我，"不过她好像没有你说的那样可怕，我们相处得很融洽呢！"

"是吗？"我看着阿美，"你和妈妈相处得好吗？"

"还凑合啦，只是感觉妈妈很啰唆，一件事情总喜欢翻来覆去地说，心情也是说变就变！我在家尽量不和她说话，减少接触，避免战争！"阿美一边说，一边无奈地摇头，"只好忍受哦！"

"琳琳，你是怎么和更年期的妈妈相处的？给我们说说经验呀！"我看着琳琳问。

"这个其实很简单！"

学会宽容和体谅

"和更年期的妈妈相处要学会宽容和体谅！妈妈在单位要面对工作压力，回家还要做家务，为我操心，我感觉妈妈很辛苦，所以她发发牢骚，说点怪话，我都假装听不到。有时候妈妈批评我，我会产生反抗心理，可是每次一想到妈妈养育我很不容易，我就没了脾气，我想她是在为我着急吧！"

"可是妈妈也不该看什么都不顺眼，把脾气发到我头上呀！"我不满地说。

"其实我也知道更年期的妈妈不好相处，当妈妈劳累或是烦恼时，我们就不要让她再烦了。我看书上说更年期的人更渴望得到别人的关心，所以我平时会主动关心妈妈，帮她倒茶啊，帮她做家务啊，陪她去买东西啊！反正多和妈妈说说话就是了。你们知道吗，有时候妈妈也嫌我好烦，要我去学习，我知道她是口是心非呢，她心里很高兴，背后还和爸爸说'琳琳长大了、懂事了，知道关心人了'。其实我妈妈平时话特别多，很多都是我不喜欢听的，我都尽量不和她争执，你们知道为什么吗？"

"为什么啊？"我和阿美看着琳琳。

"书上说唠叨是更年期女性释放压力和苦闷的一个途径，这个时候的女性很容易生病，如果生病还不容易好，所以我很小心地不去惹妈妈。我告诉你们哦，妈妈在更年期的健康状况，关系到妈妈的寿命呢！不是我胡说哦，是书上写的，所以啊，我要妈妈好好度过更年期，让她可以活得很老很老！"

"哦，更年期对妈妈这么重要啊！"我还是第一次听说更年期和寿命有关呢！一想到这个会影响到妈妈的寿命，我突然好内疚。妈妈经常发脾气，会不会有影响啊？

"琳琳，你说得我好后悔哦，我以后可不敢随便惹妈妈生气了！"阿美一脸严肃地说，"我要回家去了，我妈妈今天要加班，我要给她做饭吃！"

"我也回家帮妈妈做事去了！"我站起来，暗暗问自己：其实我很爱妈妈啊，很在意她的寿命！既然很在意，为什么我还要惹她生气呢？唉，不管怎么样，以后我还是学琳琳那样，好好和妈妈相处，让妈妈顺利度过更年期吧！

小纸条1

我和爸爸妈妈现在几乎不说话，一说话就会吵架。我想和他们说说我喜欢的足球，可是他们总骂我整天就知道玩，并轮流教训我，说我不知道讨论学习！现在我都没兴趣和他们聊天了，感觉没什么话好说。

明仔

小纸条2

我爸爸可能有毛病，看我做什么事情都不顺眼，动不动就骂我，我妈妈喜欢在一边"煽动"爸爸，恨不得让爸爸揍我一顿才好！他们既然这样不喜欢我，为什么还要生我呢？

浩天

没什么话好说就不要说了，让他们和你说吧，你看看他们到底喜欢说什么，下次就知道该和他们说什么了，对吧？嘻嘻！

小甜

你温习功课的时候、你在做作业的时候，爸爸看你不顺眼吗？妈妈说你"坏话"吗？没有吧！看来爸爸妈妈只是恨铁不成钢呀！

大帅

真倒霉！

我才把自行车骑出小区，轮胎就爆了。没办法，我只好灰溜溜地把车推回车库。

"爸爸！"我跑到楼上，打开门大叫，"爸爸，我的自行车爆胎了，麻烦你骑摩托车送我去学校！"

"不行啊，我今天上午约了出版社的朋友，你自己搭公共汽车去吧！"爸爸一边刷牙一边说，"再说，我刷了牙还要吃早点，然后换衣服，等我送你，你都迟到啦！"

"讨厌！那你今天记得帮我把自行车修一下。"我生气地背着书包转过身，可不是，等爸爸送铁定迟到，算了，搭公共汽车去好了！我急匆匆地向车站跑去。

天，车站好多人哦！我远远地就看见黑压压的一片，上班时间总是有很多挤公共汽车的人。可是人再多也得挤车呀，学校离我家有八站路，我可不想在大热天步行去上学。

所有的人都伸长脖子向远处张望。"怎么搞的，102路车到现在还不来？"我边上的阿姨一边抱怨，一边看手表，"都等二十分钟了！"

102路车也是我要搭的车，我焦急地看着远处。如果车再不来，我肯定要迟到，如果迟到就麻烦了，昨天班主任李老师在班会课上特别声明"要严抓迟到"问题，我这不是自己送给李老师"抓"吗？哦，102路车啊，你快来吧！

"啊，来了，来了！"阿姨指着远处兴奋地说，"是102路车！"

混在上班的人群中，我顺利挤上了102路车。车厢里人山人海，我像汉堡包里的生菜一般，被无数人夹在车厢中，呼吸都困难。唉，这么糟糕的空气，不呼吸也好。一个挨着一个，动一下都很困难呢！

汽车缓慢地行驶在公路上，每停靠一个站，就会挤上几个人！现在整个车厢像沙丁鱼罐头般。虽然车厢里开了空调，可是因为人太多，我还是一个劲儿地流汗。

好热啊！我努力踮起脚，想多吹些冷风，可是我周围都是"大块头"，他们像大山一样挡在我周围。好郁闷啊，还有四站才到学校呢！我只好忍着。

公共汽车在川流不息的马路上缓慢地前进，站着站着，我突然发现身后有些不对劲。一只手在我后面试探着。难道是小偷？我的心一下拎起来，我的钱包就在书包里呢！我扭过头看了下身后的家伙，可恶，一个小眯眼男子正对我笑呢！死小偷，你还敢笑！我生气地瞪了他一眼，费劲地把书包转移到胸前死死抱着。过了一会儿，身后的手又开始动起来，并且准确地在我屁股上拧了一下！"啊！"我大叫起来，好几个人向我这边看过来，我的脸顿时涨得通红。

"怎么了？"刚才和我一起等车的阿姨就站在我前面。

"没，没什么！"

我怎么好意思说出口！我生气地扭过头看着那个"小眯眼"："你能不能离我远点？"

"离你远点？""小眯眼"装出无辜的样子说，"车子这么拥挤，我也没办法啊！"说完，他还装模作样地动了几下，"你瞧，根本动不了吗！"

我恨恨地转过头，不想搭理这个可恶的家伙，谁知道，我刚一转身，他就凑上来，身体和我挨得特别近，几乎与我的后背紧紧贴在一起了。我好反感，可是又不知道说什么好，只能将身体向前让了让。没想到那个坏蛋又将身体凑上来，还借着车子晃动有意无意地撞击着我的身体。真是太可怕了！我想躲开，可是四周都是人墙，我根本躲不了呀！呜呜……好讨厌！我咬着嘴唇，心里拼命骂着：不要脸的流氓！该死的色鬼！

终于到站了，我逃命般地从车上下来，一路向学校狂奔而去。

坐在教室里，我怎么也平静不下来，总感觉自己的身体很脏，很脏。可恶的色鬼！我真想杀了他！

放学了，我死死拉着大帅哥哥的自行车，求他带我回家。

"不行啊，今天球队要训练啊！"大帅哥哥根本不在乎我的哀求，"你还是坐公共汽车回去吧！"

"我才不坐公共汽车呢！"我大叫着，"我讨厌公共汽车！"

　　大帅哥哥推着自行车去球场了，我只好孤零零地向学校门口走去。没人送我，我又不想搭公共汽车，只好步行回去。

　　好热啊，我一边走一边擦汗。走了两站路实在走不动了，没办法，只好去车站等公共汽车。

　　现在是下班时间，车站依然站着很多人，到底坐不坐公共汽车呢？万一再遇到那个"小眯眼"怎么办呢？很快，102路车来了。我站在车门口犹豫着要不要上，后面的人立刻不耐烦地催促："上不上啊？"我一咬牙，上了车。

　　万幸的是，我平安、顺利地到家了。可怕的"小眯眼"没有出现，下了车，我长长地舒了一口气。

　　"爸爸，我的自行车修好了吗？"吃饭的时候，我问爸爸。

　　"哎呀，糟糕！我今天和出版社签订了一份合同，一高兴就把修车的事情给忘记了！"

　　爸爸一边拍着额头，一边一个劲地保证："明天，明天我一定帮你把车修好！"

　　"怎么这样啊？"我气得连饭都不想吃了，"那你明天得送我去学校！我不想搭公共汽车了！"

　　"好好好！明天我送你去学校，好不好？"爸爸笑得一脸灿烂，因为他签了伟大的出版合同。我呢，一脸郁闷，搭公共汽车遇到了传说中的"公交色魔"！真是倒霉极了！

　　第二天，我很早就起来刷牙，吃早点，可是等了半天也没看见爸爸的影子。

　　"妈妈，爸爸怎么还没起来啊？"妈妈正换鞋准备出门，我赶紧问，"他答应今天送我去学校的啊！"

　　"哦，爸爸昨天画画一直画到早上才睡觉。"妈妈看了我一眼，说，"别去喊他哦，他累了一夜，让他多睡一会儿！"

　　"可是……"我真是郁闷极了，"大帅哥哥呢？"我四处寻找大帅哥哥的影子。

　　"他早饭都没吃就出门了，好了，你今天还是自己搭公共汽车去上学吧！"

"我不想搭公共汽车啊！"

"公共汽车有什么不好？妈妈不是每天都挤公共汽车去上班吗？"妈妈冲我招招手，"好了，别耽误时间了，妈妈上午要做一个手术，先走了哦！拜拜！"

妈妈走了，我没精打采地拎起书包，悲痛欲绝地向车站走去。

怎么办？怎么办？已经有两辆102路车开走了，而我还站在站台上。很快，又一辆102路车来了，如果我再不上车肯定要迟到。好无奈，我只好跟着人群挤上车，一进车厢我便紧张地将四周的人仔细地看了一遍。谢天谢地，没有看见那个该死的"小眯眼"。我放心地抓着扶手看着窗外。

车停靠几个站后，车厢里变得十分拥挤，我努力支撑着不让自己被后面的人墙压倒。过了一会，我感觉身后有个人总在不安分地扭来扭去。我回过头一看，天啊，是那个"小眯眼"色魔！我顿时吓得大气不敢出。"小眯眼"似乎认出了我，对着我怪异地笑起来。接着，他就像贴纸一般紧贴到我身上，我哆嗦着想喊人、喊救命，可是觉得当着那么多人的面开不了口，太难为情了。"小眯眼"看我不出声时更大胆了，他的手开始在我的屁股上动来动去，还对着我的脖子使劲吹气……我像在地狱里一般忍受折磨，车靠站了，我痛苦地提前下了车。

下了车，我站在站台上大哭起来。该死的色魔，为什么老骚扰我呢？真是好可恶！

"同学，你怎么了？"一个穿着制服的警察叔叔出现在眼前。

"没什么！"我擦了擦眼睛说，"我要回家去了！"心情糟糕透了，我可不想去学校。

"你遇到什么困难了吗？"警察叔叔看起来很担心，"需要我帮忙吗？"

"刚才很需要帮忙，但是现在……"我的眼泪又掉了下来，"您来得太晚了！"

"呵呵，可以和我说说到底是怎么回事吗？也许我可以帮你哦！"

对，我应该告诉警察，让他抓住那个可恶的色魔。

于是，我把事情跟警察叔叔说了一遍，还把那个坏蛋的样子细致地描述了一番。

勇敢面对"咸猪手"

"其实，一到夏天，很多女生都会遇到和你一样的麻烦呢！"警察叔叔指着不远处的警车说，"我们去派出所说吧！"

一坐到派出所的椅子上，我便开始不停地发牢骚："这些色魔真是太可恶了！"

"是的，所以你们女生要注意保护自己！出门在外，应提高警惕，搭乘公共汽车时不要打瞌睡；坐公共汽车的时候，如果特别拥挤，就要注意周边的环境，尽量不要和男性靠得很近，能避开就避开，不能避开就要小心应对。如果遇到坏人骚扰，就立刻大声斥责他，千万不要因为不好意思或是害怕而沉默！要知道这些坏人其实是非常心虚的，你一叫，他就不敢再胡来了。"警察叔叔一边说，一边给我倒了一杯水。

"如果骂他也没有用呢？"我感觉那个"小眯眼"可不是个好对付的家伙。

"如果对方不收敛，你就可以向司机求助，还可以拨打110报警！小甜同学，女生是坏人容易袭击的目标，所以女生要学会自我保护，比如不要在晚上独自上街，不要穿过分暴露的衣服出门，不要上夜总会，不要随便喝别人给的饮料等。只有增强自我保护意识，才能有效地预防遭到流氓等不良之徒侵害！必要的话还可以参加学习班，学一点女性防身术或随身携带防身喷雾等！"

"嗯嗯！"我点了点头，"警察叔叔，那个色魔你要抓紧时间把他抓住哦，他真是太可恶了！"

"一定！"警察叔叔向我敬了个礼。

"哎哟，"我突然叫起来，"光顾着上安全教育课，忘记向老师请假了！"我慌忙向警察叔叔借了电话给班主任李老师打过去……

后记：很快，警察叔叔就告诉我那个可恶的色魔被抓住了，叔叔还提醒我，抓住一个坏人，还有其他的坏人，我们一定要学会自我保护！

小纸条2

我回家乘电梯的时候，经常被楼上的一个老头非礼，我骂过他，可他总是不改！真不要脸！

糖葫芦

小纸条1

放学的时候，学校走廊好拥挤，有些男生就会趁机"揩油"。真是好讨厌哦！我们该怎么办呢？

Lisa

看见那些重点"嫌疑犯"惹不起就躲呀，另外还可以联络几个女生，看见那几个坏蛋就一起大喊"色魔"，看他们好意思吗！

小甜

简单，下次看见他在电梯里你就不要进。你在电梯里，如果他进电梯，你就出来！

大帅

穷爸爸富爸爸

"嗨，你们怎么在这？"大鱼走过来问。

"我们陪阿花出来逛逛哦！"我和阿美异口同声地说。

"是吗？要不要我送你们啊？"大鱼一边说，一边指着不远处，"我爸爸的车就停在那边哦。"

"好吧！最好让你爸爸请阿花吃饭！"阿美开玩笑说。

"没问题呀！"大鱼拍着胸脯，"我爸爸最喜欢请客了！"

我早听说大鱼的爸爸是大款，现在看他爸爸举手投足的派头就知道大鱼的爸爸很有钱：一身名牌服装，手上戴着金光闪闪的表，开着豪华跑车，真阔气哦。

"大鱼，你爸爸的车可真气派啊！"我羡慕地问大鱼，"这个是什么车啊？"

"哎哟，你连宝马都不认识啊！"阿美不禁敲了我一下，"真土！"

"讨厌，"我不好意思地笑笑，"大鱼，你爸爸真有钱啊！"

"哈哈，没有比尔·盖茨有钱呀！"大鱼一副得意的样子。

"死相哦，说你胖你就喘！我家也有车，不过是自行车罢了！"阿美笑眯眯地说，"阿花，你说我们算不算有车一族？哈哈！"

"当然算，我还会骑车，哈哈！"

阿花说完，我们都大笑起来。

很快，大鱼的爸爸把车停到市里最著名的五星级酒店前："各位同学，我今天请你们吃饭！"

"好哦！我还是第一次进这么高级的地方呢！"我们都兴奋地东看西看，"这里好漂亮呀！"

进了包间我们便开始点菜。

"我要吃鲍鱼！"阿美咂着嘴，"我还没吃过鲍鱼呢！"

"好，让我爸爸买！"大鱼用胳膊肘碰了碰他爸爸的肚子，"是不是啊，老

爸？"

"没问题呀！各位同学随便点，不要客气！"

看着大鱼的爸爸那么豪爽，我们便不客气地点了很多名贵菜。鱼香焗龙虾、雪蛤烩鱼翅、乳猪拼盘……等一桌子菜送上来，我们都看呆了！五彩斑斓不说，这么多菜，我们几个人能吃完吗？

"叔叔，这么多菜怎么吃得完啊？"我担心地问，"要花很多钱吧？"

"小甜，吃不完打包，别担心钱啊，我爸爸请客！"大鱼喊服务员，"给我们上新鲜的果汁！"

"干杯！"我们大家一起干杯，然后大吃大喝起来。

五星级酒店的菜就是好吃，我、阿美和阿花吃得嘴巴油光光的，直到实在吃不下才丢下筷子满意地说："真好吃，真好吃！"一买单，三千多块，我们都吃惊地张大嘴巴，可是大鱼爸爸连眉毛都没皱一下就付了现金。

"大鱼，你爸爸好有钱，不愧是大款哦！"我们三个羡慕地看着大鱼，"你好幸福哦！"

吃了饭，大鱼的爸爸开着车把我们一个个送回家。

"小甜，怎么才回来？"妈妈、爸爸，还有大帅哥哥正坐在餐桌边吃饭，"快洗手吃饭！"

"我不吃了！"我走到桌子边一看，我们家的三位正喝粥吃小菜呢，好惨哦，"幸亏我在外面吃过了，我可不要喝粥！"

"你在哪吃了？"爸爸奇怪地问。

"我今天可是在五星级酒店吃的饭！"我摸了摸肚子。

"五星级酒店？"大帅哥哥看着我，"你说胡话呢！你是不是和阿美在外面吃了肯德基？"

"哈哈！谁吃那个，今天大鱼的爸爸请客，我们在五星级酒店吃得好快活哦！"接着我就把吃的菜给大帅哥哥细致地描述了一遍，说得大帅哥哥直流口水，他忍不住问妈妈："我们家什么时候去吃一次啊？"

不等妈妈回答，我便说道："你知道我们吃了多少钱吗？三千多块哦！妈妈一

050

个月才挣多少钱啊？"

"好了好了，别啰唆了！"妈妈听了不高兴起来，"谁家也不会天天下馆子的！奢侈！"

"怎么不会？人家大鱼的爸爸是大款，有很多很多的钱！"我还想继续说，可是大帅哥哥一个劲地给我使眼色，我只好不吭声了。

第二天在学校，我、阿美和阿花把昨天在五星级酒店吃饭的事情好好宣传了一番，弄得其他同学不但羡慕，还拉着大鱼问："大鱼，下次也让你爸爸请我们吃一顿！"

"没问题，等我生日就让我爸爸请你们！"大鱼神气地说，"吃一顿算什么，等我考上大学，他还要送我一部小车呢！"

"哇——大鱼，你好幸福啊！"大家又羡慕又忌妒，我听了简直都要吐血了："大鱼，一部车可要很多钱呢！"

"钱算什么，人家大鱼爸爸穷得只剩钱了！哈哈！"阿美说得我们都大笑起来。

突然，海子叫起来："快看，学校门口来了好多小车哦！"海子一边说，一边挥舞着手臂，"今天来什么领导了？"

"好了，别啰唆了，快点下楼做课间操吧！"大帅哥哥招呼大家。

"各位同学等一下！"班主任李老师突然出现在教室门口，"今天省教育厅领导突然来学校检查工作，大家要打起精神，课间操好好表现哦！"

"是——"大家拖着嗓子应了一句，"每次都是这样，我们都明白！"

"哈哈！"李老师无奈地笑了笑，"你们表现不好，校长要骂我呢！"

为了李老师，做操时我们比平时精神了很多，课间操结束后，李老师满意地冲我们点点头。

"小甜，一起去WC（厕所）吗？"阿美走过来喊我，我们正准备向WC走去，海子拦住我们俩，他把头凑到我们面前神秘地说："天大的新闻！天大的新闻啊！"

"什么事情？"我们一脸茫然地看着海子。

"难道你们没发现做操的时候，班上少了一个人吗？"

"谁？谁不在？"我们互相看了一眼，"不是都在吗？"

"笨蛋！赵琳琳做课间操了吗？"海子说完，指了指楼上的校长办公室，"你们看那边啊！"

我和阿美顺着海子的手一看，咦，琳琳正在和校长说话，可奇怪的是，校长为什么陪着笑脸呢？这事情不正常哦，似乎校长是学生，琳琳成了校长。

"海子，有什么内幕消息，你说啊！"阿美拧了海子一下，"校长为什么对琳琳那么客气啊？"

"告诉你们，今天来学校检查的领导是赵琳琳的爸爸，她爸爸是什么人，你们知道吗？"

"什么人？"

"省教育厅的厅长哦！"海子说到这，一副得意扬扬的样子，"你们说琳琳的爸爸厉害不厉害啊？"

"厉害有什么用，又不是你爸爸！"我看海子那德行，真是传说中的"奴颜婢膝"，他恨不得马上去拍琳琳的马屁吧？

"哈哈！"阿美笑起来。

很快，琳琳回教室了，大家立刻簇拥着她问起来："琳琳，怎么没听你说过啊，你爸爸居然当那么大的官！"

"呵呵，这有什么可说的？"

"哎哟，你可是领导的子女啊，以后不要欺负我们啊！"海子油嘴滑舌地说。

"琳琳，怪不得校长都要巴结你哦！哈哈！"

"哈哈！"大家都笑起来，笑声里充满了羡慕和忌妒。

放学了，我和大帅哥哥推着自行车走出校门，一眼就看见大鱼的爸爸开着高级小车来接大鱼。

"大帅，拜拜——"呼，车跑了。

"小甜，骨头白（goodbye，再见）哦！"琳琳从小车里伸出脖子，"我搭爸爸的车先走了哦！"哗，又一部车飞驰而去。

"真令人羡慕哦！"我对大帅哥哥说，"看人家的爸爸多厉害，要么是大款，要么是领导，咱们的爸爸有什么用，一个破画画的！"

"好啦，别说啦！"大帅哥哥不耐烦地说，"你又不可以把爸爸给换了！"

是的，我不可以换爸爸，真是郁闷哦。

回到家，我迫不及待地和妈妈汇报学校发生的事情："妈妈，不得了哦，我们班琳琳的爸爸居然是教育厅的厅长呢！"

"哦，不错呀！"妈妈头也没回，继续炒菜，"正好

管你们学校哦！"

"是啊，所以校长都对琳琳很客气呢！"我眼前浮现出校长对琳琳笑的画面，"可惜我爸爸不是大鱼爸爸那样的大款，也不是琳琳爸爸那样的大官哦！"

"好啦，别胡说了，快准备吃饭！"妈妈亲昵地在我头上敲了一下。

第二天在学校，大家还在议论琳琳的爸爸和大鱼的爸爸。现在琳琳和大鱼成了我们班的热门人物哦。

"小甜，外面有个奇怪的人找你！"有个同学跑到我的座位边，"快去看看哦！"

"谁啊？"我出门一看，原来是爸爸。

"小甜，我忘记带钥匙了！"爸爸不好意思地笑了笑。

"哦。"我掏出钥匙递给爸爸。

本来我还想和爸爸说几句话，耳边突然传来海子的声音："找小甜的是谁啊？样子好邋遢啊！衣服脏脏的，头发像稻草，还挂着……油漆？"海子小声问，"是不是她家的装修工人啊？"

"你快走吧！"海子的话令我浑身难受，我赶紧催促爸爸离开。

爸爸一走，大家围了上来："小甜，那是谁啊？"

"是……"我支支吾吾地不知道说什么。

　　"是小甜的爸爸呀！"阿美这个多嘴多舌的家伙凑到海子边上说，"小甜的爸爸是职业画家！"

　　"小甜，这就是你爸爸啊？"海子吃惊地看着我，也不知道是羡慕还是嘲笑，海子接着就说，"画家果然与众不同哦！哈哈！"

　　我翻了海子一个白眼，走回教室。

　　"小甜的爸爸看起来哪像画家，和人力市场的民工差不多！嘻嘻！"

　　"是啊，我开始还以为是装修工人呢！"

　　教室外的议论听得我如芒刺在背，爸爸真丢人，还丢到我们学校来了！可恶的爸爸！我顿时对爸爸有一股说不出的怨恨。我看了看大帅哥哥，他用书遮着脸，不知道有没有听到海子的话。

　　放学回家，我一进门就生气地宣布："爸爸，你以后不要再去我们学校了！"

　　"为什么啊？"爸爸吃惊地看着我，"我还是第一次去你们学校呢！"

　　"不为什么，反正以后你不要到学校去了！"

　　我仔细打量着爸爸，真是越看越感觉爸爸好平庸、好无能啊，为什么人家都有好爸爸，我的爸爸却没一点"出息"呢？如果我的爸爸也是大款或者大官就好了，不，哪怕他是个著名的画家也好啊，人人皆知，我也有面子呀！

可惜，他只是个无名之辈！

我开始回避爸爸。他喊我一起上街，我就找借口要温习功课不搭理他，免得在路上被同学撞到"丢份"；他要我喊同学回家玩，我更是推三阻四，带同学回来有什么玩的？我们家有的别人家都有，别人家有的，我们家就……唉，好羡慕别人啊！尤其忌妒大鱼和琳琳有好爸爸！

"小甜，告诉你一个好消息！"阿美给我打来电话，"我爸爸负责的科研项目获奖了，他拿了一笔奖金，准备周末带我和妈妈去香港迪斯尼玩呢！嘻嘻，双飞哦，我还没坐过飞机呢！好开心啊！"

连阿美也有一个好爸爸，我真是"衰"啊。

"小甜，你在不在？"

"嗯嗯！"我敷衍了一会儿忍不住说，"这算什么啊，我爸爸的画在美国拿了大奖，他马上要去美国了哦！"

"真的啊？小甜，你爸爸这么厉害啊？"阿美在电话那头尖叫起来，"我去告诉大鱼他们，真羡慕你啊，有一个好爸爸！"

"嗯嗯嗯，"我听阿美这么一说，心里好满足，甚至都相信自己编造的谎话了。

挂了电话，我发现妈妈正用奇怪的目光看着我。

"小甜，你刚才说什么？你爸爸的画获奖了？"

"我逗阿美呢！"我扭过头，不敢看妈妈，"没办法啊，现在大家都比谁的爸爸厉害，我爸爸又没钱又没势，我只好说他的画获奖了！"

"唉……"妈妈叹口气，"你这么说多伤爸爸的心啊！！"接着，妈妈对我说——

小心虚荣心作怪

"小甜，你这都是虚荣心在作怪啊！"妈妈摸着我的头耐心地解释，"什么是虚荣心呢？虚荣心是人们为了追求所谓的面子而疯狂追逐荣誉的一种畸形心理。虚荣心强的人，会不自觉地变得自私、虚伪、狡诈，为了得到别人的羡慕或听到赞美，他们可能会做出不理智的事情，比如，有些女生为了得到漂亮的衣服、高档的化妆品，会献出自己的纯洁。"

"妈妈，你说的这些和我没关系呀！我只是羡慕别人有好爸爸而已！"

"当然有关系啊。你看到别人的爸爸有钱有势，内心就开始挣扎和斗争，然后开始向往自己的爸爸也很厉害。可现实不是啊，于是你开始编造谎话，用别人的羡慕满足自己的虚荣心，对不对？虚荣心太强的人会受两方面的折磨，没有达到目的之前，被自己不如人意的境遇所折磨；达到目的之后，又担心真相暴露而被恐惧所折磨。你得到一时的快乐，却要迷失在虚伪和假象中，自己不怕吗？如果你骗阿美的话被同学揭穿，你得到的是什么呢？只有鄙视和厌恶呀！"

"小甜，你要好好理解权力、地位、荣誉的内涵，和同学不要攀比物质和家庭背景，学习上，要向上看，生活上，则要向下看，把不好的心理消灭在萌芽阶段，让自己有一个健康、正确的物质观和人生观！"

"妈妈，"我听出妈妈的意思了，"你说的我明白了，我去给爸爸道歉！"

说完，我走进爸爸的房间……

我的爸爸妈妈都没有正式的工作，靠做零工维持生活。有时候在路上看见他们，我都不好意思喊他们，生怕同学们知道后笑话我！

郁闷的鱼

我家没什么钱，看到其他同学穿名牌、用名牌，我很自卑，回家和父母闹，我又不好意思，我该怎么做呢？

阿仁

爸爸妈妈为生活如此奔波，你还要在他们疲惫的心上撒盐吗？想一想他们对你的爱，你就不会感觉不好意思了！

小甜

你可以考名牌大学！

小甜

优秀生的苦恼
——琳琳的故事

我错了吗？

这段时间，我受到了前所未有的困扰。好多同学开始合伙排挤我，你要问为什么？说出来很可笑，就因为我成绩好，就因为老师们都喜欢我！

端木老师是我们的语文老师，他说我的普通话标准，声音圆润、洪亮，读起课文来声情并茂，是全班读课文读得最好的同学，他总喜欢让我带领大家朗读课文。每次语文公开课上必然有我读课文的好戏，开始，我很乐意朗读课文，你想，谁不希望得到老师的赞美呢？可是慢慢地，我发现端木老师对我的偏爱得罪了一些同学。

"赵琳琳，请把《藤野先生》第一段读一遍！"端木老师喊我读课文，我迟疑了一会儿站起来："东京也无非是这样。上野的樱花烂漫的时节，望去确也像绯红的轻云，但花下也缺不了成群结队的'清国留学生'的速成班，头顶上盘着大辫子，顶得学生制帽的顶上高高耸起，形成一座富士山……"

"好，请坐，读得非常好！"端木老师点点头，开始讲课，"上野公园，是日本第一座公园。这里原来是德川幕府的家庙，1873年改为公园。'东京也无非是这样'，'无非'是什么意思？它表达了作者怎样的感情呢？"

"只不过的意思！"海子回答，"作者可能对东京有点不满吧！"

"其他同学还有什么高见？"端木老师看着我。

"应该说作者对东京很失望，而不是不满！"我站起来反驳海子的观点。

"琳琳说的对，作者只是表达东京和他想象的不一样，有点失望！大家都要像琳琳一样揣摩作者最真实的心理。"端木老师继续讲课。我的耳边传来了议论之声。

"就她能，什么都知道，知道还上什么课啊，直接考大学去好了！"

"是啊，每次都找她读课文，我们都是哑巴啊！"

　　我听着浑身不舒服，但是又不便说什么。下课了，我去WC（厕所），可是几个女生硬是"占着茅坑不拉屎"，我只好跑到楼下的WC解决。

　　下午上英语课，我发现欧阳老师上课的时候不断地咳嗽，于是，我便在课间给她倒了一杯水，谁知道这个小小的举动又招来大家议论。

　　"琳琳真会拍马屁，难怪每个老师都喜欢她！"

　　"是啊，瞧她奉承人的样子，恶心死了！"

　　我听了气得直哆嗦，尊敬老师、关心老师错了吗？

　　就这样，大家开始用异样的眼光看我，我和他们说话，他们假装听不到；体育课老师安排接力赛跑，如果是以前，分组的时候大家都会"抢"我，因为我跑步很快，传棒又稳，可是现在，几个小组都不肯要我。委屈的眼泪在我的眼眶里打转转。

　　放学了，我发现我的自行车气门芯不见了。这周已经发生三次这样的事情，到底是哪个家伙和我过不去，这么害我！我郁闷地推着自行车走出校门，正好看见小甜和阿美。

　　"小甜、阿美，我的自行车气门芯没了！"我向她们求救，"今天出门没有带钱，你们可不可以借我一点钱修车？"

　　"我们也没钱！"阿美断然拒绝了我的请求，"小甜，别管她！"接着，阿美说出了让我吃惊的话，"琳琳，我们班马上要选预备团员了，听说你递交了入团申请书。哼，别以为你成绩好就会入选，我要把你的名声弄坏，让你当不了团员！"

　　"阿美，你为什么要这么做啊？"我吃惊地看着阿美，"我哪里得罪你了？"

　　"为什么？因为我妈妈每天都在家里夸奖你，说你成绩好，要我向你学习，动不动就说如果你是她女儿就好了！"

　　"……"我无言以对，只能求助地看着小甜，"小甜……"

　　"我也不喜欢你了！"小甜把头扭到一边，"以前端木老师最喜欢我，经常读我的作文，现在，他最喜欢的学生是你！"

　　"这是端木老师的事情，你不能怪到我头上呀！"我觉得小甜有点不讲理，立刻分辩起来。

"我才不管呢！反正我不想和你交往了，你当你的好学生，我当我的差学生好了！"

阿美拉着小甜走了，我怅然若失地看着她们越走越远，心碎成一片一片的。我不要做好学生了！一个声音冒出来，我当好学生有什么用呢？我现在这么孤独，一点也不快乐，还不如做个坏学生，那样我既不会遭到同学忌妒，又不会被同学孤立。

第二天上学，我故意迟到了，班主任李老师生气地把我批评了一顿，我听到了阿美幸灾乐祸的笑声，可是我居然一点也不难过。从现在开始，我要让自己变成坏学生、差学生。

"琳琳，请朗读《列夫·托尔斯泰》一文！"端木老师又一次喊我朗诵课文。

"他生就……一副……毛的脸庞，植……植被……多于空地，浓……浓密的胡、胡髭使人难……难以看清……"我故意漏字，读得磕磕绊绊。

顿时，端木老师的眉头皱起来："停下！琳琳，你怎么读得结结巴巴的？阿美，你接着读下去！"

阿美站起来，接着朗读："长髯覆盖了两颊，遮住了嘴唇，遮住了……"

"很好，阿美读得很流利，咬字也准，以后还要注意加强语气！"端木老师示意阿美坐下的时候，阿美得意地看了我一眼。

接着，我开始不写家庭作业，开始在考试的时候把会的题目做错，我也学会在上课的时候看小说、打瞌睡。很快，我的反常引起了班主任李老师的注意，他把我叫到办公室，一个劲儿地问我为什么退步这么快，我本想说"因为我成绩好，同学们在孤立我、忌妒我"，但是我转念一想：说出来，李老师肯定要在班会课上批评这些同学，那只会证明我多么受老师"宠爱"，那样我的境地会更惨啊！没办法，我只好用沉默回答李老师的询问。

李老师见我不肯说，便苦口婆心地劝我："琳琳，八年级是很重要的一年，你要是这么下去会影响升学考试的！"

听了李老师的话，我感觉自己这么做有点傻，于是，我开始认真上课、写作业，李老师看我重新"变好"了，满意地在班里公开表扬我。唉，阿美的"攻击"

才停几天，现在重新爆发出来，大家又开始像对待敌人一般对我百般仇视。

"各位同学，下周校庆我们班表演什么节目好呢？让琳琳来个诗歌朗诵，好不好？"李老师问。

"好——"大家拖着长音回答。

"大家同意吗？"

"同——意——"

语调里那么明显的不满、抵触，李老师就没感觉吗？我低着头不说话，教室变得像地狱，我真受不了这样的煎熬。

下午，更可怕的事情发生了。班会课，李老师让大家对"入团名单"进行讨论，结果全班一致让大帅、海子入团，一致反对我入团。这个结果显然令李老师感到意外，他问大家："为什么？"

"好事不能都让她一个人占了啊！"阿美的话一出口，大家纷纷附和道："就是啊，我们班又不是她最优秀！"

我咬着嘴唇听着这些话，一言不发。李老师点点头，似乎明白了一切。

放学了，李老师把我单独留下来谈话。

用热情敲破孤立的坚冰

"琳琳，你是我们班的班长，现在被同学们孤立一定很难过吧？"李老师一边安慰我，一边自责道，"我真没想到老师对你的喜爱居然给你带来了困扰。现在你准备如何应对自己面临的一切呢？"

"我不知道啊，我现在好痛苦，我现在很害怕社交，害怕上学，害怕见到同学！"

"琳琳，我给你一些建议，好吗？"李老师轻轻地说，"一些同学因为自己不如你而产生忌妒心理，面对他们排挤、孤立你，你首先要审视自己有什么做得不够好的事情，比如：发表不同意见的时候可以更委婉，指出别人缺点的时候可以私下提出。如果仅仅因为成绩好而遭到了不公平待遇，那么你不要难过，反而应该高兴起来，这说明你在他们眼里是优秀的。你想一想，你读课文的时候，大家是不是很享受呢？他们反感的只是老师总反反复复地表扬你、赞美你吧？你说有没有办法既让自己成绩好，又能和同学们相处愉快呢？"李老师说到这停了下来。

"应该有吧？"

"是的，你可以主动帮助同学们补习功课，带领大家一起进步。如果你能把自己的好方法教给别人，不是能得到别人的支持？你也可以寻找几个最有号召力的同学，主动和他们交往，不要怕遭到冷遇，只要你坚持友好地和他们相处，我相信时间一长，大家会认识到你是个心胸宽广、值得交往的朋友，到时候，大家便会和你亲密起来。琳琳啊，你得用热情敲破横在你面前的坚冰哦！"

"嗯，李老师，我有点明白您的意思了！"我犹豫了一下，说，"我可以跟您提个要求吗？"

"请说！"

"我想组织阿美和其他同学一起表演诗歌朗诵！"

李老师爽快地答应了我的要求。接下来，我开始约阿美、小甜、大帅等一起排练。开始的时候，他们根本不买我的账，我便主动让出组织者的身份，让阿美负责。我在排练过程中主动帮大家纠正发音、提出积极的建议、成为协助阿美的人，一周下来，我们的关系果然融洽了很多。因为我的朗诵确实很棒，阿美还主动要求我做"领诵者"呢！呵呵！我重新回到了集体的怀抱，这种感觉好幸福哦！

"琳琳，今天数学没听懂，可以帮我补习一下吗？"小甜又把我当朋友了。

"OK！"

好了，我现在要去帮小甜补习了，拜拜哦！

我的同桌因为我的成绩比她好，经常给我捣乱。有时候她把我的书藏起来，有时候把我的作业本撕破，有时候故意把我的东西弄到地上，还踩几脚！其实我很想帮她，但是她这么对我，我很生气！

Lily

我的成绩还不错，几位任课老师都喜欢我，上课喜欢叫我回答问题。有些同学羡慕我，有些同学则会在背后说我坏话，我现在都有些不敢回答问题了。

半空的羽毛

和她好好交谈一次，告诉她这么做根本不会影响你的好成绩。如果她愿意，你可以帮助她提高成绩！让她选择吧！

大帅

别担心，好成绩是你努力得来的，你要用"正能量"去感染身边的每一个人。

小甜

因为我的失误、我的愚蠢，我们在全市中学生数学大赛中与近在咫尺的冠军擦肩而过。我深深地懊悔和自责，一连三天，我都没去上学，我没脸见马老师，更没脸见大鱼和琳琳。

两个月前，数学老师马老师通知我、大鱼和琳琳组成奥林匹克数学竞赛小组，参加"全市中学生数学大赛"。

这个消息对我们三个人来说，简直是太棒了！如果进入前三名，我们不但可以获得奖金、证书，还可以在升学考试的时候加特长分，马老师选择我们三个人，是我们的荣幸，更是我们的好运气。

"大帅，三人小组我要以你为中心。你平时数学成绩最稳定，解题思路也最灵活，所以大鱼和琳琳要以你为中心参加比赛，你要在比赛中担任主要角色。"

"嗯！"我非常感谢马老师对我的信任，使劲点了点头，"大鱼、琳琳，我们三个一起努力吧！"

为了比赛，我们三个人开始了紧张的赛前准备和训练。马老师根据我们三个人的特点，给我们定了个人训练和集体讨论两大训练方向。在学校，别人下课去玩了，我们三个人就凑在一起研究解题思路；放学了，别人回家，我们三个人一起讨论训练题；回到家，我们各自研究自己擅长的题目。

一天、两天、一周、两周，我们三个人放弃了所有的娱乐时间，疯狂地突击训练，有时候为了解决一道复杂的难题，我甚至连吃饭都顾不上。

"大帅哥哥，你还在做习题啊？"小甜睡眼惺忪地站在我的房间门口，"都凌晨一点了，你还不睡觉啊？"

"还有几道题，做完就睡觉！"我其实困得不行，但是一想到下周末就比赛，我不得不咬牙坚持着。

很快，比赛开始了。

主持人提问："在四边形ABCD中，AD//BC(AD平行于BC)，判别四边形ABCD是平行四边形还需要什么条件？"

"选项：

1.角A+角C=180度

2.角B+角D=180度

3.角A+角B=180度

4.角A+角D=180度。"

"应该选择4！"我迅速按下抢答器，报出答案。

"完全正确，加十分！"

哗啦啦！现场响起一片掌声。

主持人："请看图——"啪，屏幕上出现一个图形：

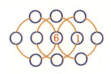

"请在空白的小圆圈内填上数字1—11，使得三个大圆圈上的数字之和都为24！"

"嘀嘀！"我又率先按下了抢答器。

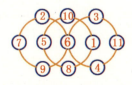

当我写出答案后，全场爆发出热烈的掌声。

"大帅，你太棒了！"琳琳和大鱼激动地拥抱我，"我们通过预赛了！"

就这样，我、大鱼、琳琳一路过关斩将，最终"杀"入了决赛。我们既兴奋，又激动。决赛开始前，马老师拉着我的手一再叮嘱我："大帅，不要紧张，能取得这样的成绩已经非常了不起了！加油啊！"

"马老师，您放心，有大帅在，我们一定给您把冠军的奖杯抱回来！"大鱼嬉皮笑脸地拍拍我的肩膀，"大帅，对不对啊？"

"是！"我满怀信心地说，"保证不让您失望！"

说真的，比赛刚开始的时候，我非常紧张。听说其他学校不但派出最强大的参赛队伍，还邀请了奥林匹克数学竞赛的历届冠军对选手进行辅导，而我们三个人全靠自己的努力和马老师的课外指导，我真怕比不过其他学校的同学。谁知道我们三人小组居然这么顺利地"杀"入决赛，真像做梦一般。看来我们完全可以赢得冠军，我对此充满了信心。

决赛在紧张、激烈的气氛中拉开序幕。各路代表你争我夺，从抢答、必答，到小组配合题，竞争异常激烈。我、大鱼和琳琳全力以赴地应对着，一个个对手被我们打败，最后就剩下我们和A校的同学争夺冠军。当所有的题目都做完后，我们双方的得分竟然一样。

主持人于是宣布："出一道脑筋急转弯的题目考考两组队员的反应能力！"

我、大鱼、琳琳紧张地互相看了看。"不管谁想到答案都立刻抢答！"我小声说。

"请问：你参加跑步比赛，如果你超过了第二名，你现在是第几名？"

我和琳琳同时把手伸向抢答器，琳琳略犹豫了一下，把机会让给了我。

"嘀嘀！"我按下了抢答器："第一名！"我沾沾自喜地答道。

"唉！"我以为会等来一片热烈的掌声，谁知道场外响起一片惋惜声。

"错了！错了！"琳琳急得叫起来。

"哎哟！"我突然意识到自己犯了个致命的错误，"是第二名！"我补充道，可是主持摇了摇头："很遗憾，机会只有一次。我宣布冠军属于A校！"

"噢——"A校的同学高兴地跳起来，"太棒了！我们赢了！"

"大帅，你怎么这么愚蠢！"大鱼气得脸都红了，"你不知道就不要回答，让琳琳答不就可以了吗？"

"是啊，到手的冠军丢了！"琳琳也一个劲地抱怨，"这么简单的题都答不出来，害得我们没拿到冠军！"

听着他们抱怨，本来就懊恼的我更加难过了，我太愚蠢、太冒失了。

看着人群、鲜花簇拥着A校的同学登上了冠军的领奖台，我被一种深深的自责和失败感击溃。

"大帅，一时失误没关系，能拿到亚军就很不容易了！"虽然马老师安慰着我，但是我从他的眉宇间还是看到了失落和遗憾。

看着A校的同学喜气洋洋地登上冠军的领奖台，我含着泪离开了比赛场地。

第二天上学，我刚到教室门口就听到大鱼和琳琳在和同学们说比赛的事情。

"大帅真是笨死了，小学生都能答出的问题他竟然答错了，也不知道是不是故意的，害我们没拿到冠军！"

"是啊，你们知道吗，为了比赛，我都瘦了好几斤呢！"

"我也是啊，我有天讨论数学题回家太晚，在路上摔伤了腿呢！"

听着这些话，我难过极了。当我铁青着脸走进教室的时候，大家都不说话，注视着我。我从他们的眼光中读到了责怪、埋怨。我默默地走到座位上坐下。

"还好意思来学校呢！"琳琳不满地说，"要是我，肯定不好意思出来见人！"

"你们有完没完？"小甜跳起来，"大帅哥哥为了比赛，晚上做题做到凌晨呢！没有拿到冠军，难道他不难过吗？你们怎么还怪他？没有他，你们说不定都进不了决赛呢！"

"你别护着你哥哥，没有他，我们就拿冠军了！"大鱼和小甜争吵起来。

看着小甜脸红脖子粗地和他们理论，我没有一丝一毫的勇气再坐在教室里，我抓起书包冲出教室。

回到家，我把自己关在房间里，任凭爸爸妈妈如何喊，我都不搭理。这么长时间的辛苦付出，就因为我的愚蠢和冒失而毁于一旦，我真是笨死了！我等于是亲手把冠军送给了对手啊！我把脸埋在被子里放声大哭……

整整三天，我都躲在家里不肯去学校。我是一个失败者，一个愚蠢的失败者，还去什么学校呢？去了不过是听他们的责怪和嘲笑罢了！

"叮咚！"门铃响了。

"马老师？"小甜惊讶地叫起来，"您怎么来了？"

"我来看看大帅！"

我听到马老师的声音，正想躲进房间，却被小甜拦住去路："大帅哥哥，马老师来看你，你就不要再躲了！"

"大帅，"马老师看着我说，"我可以到你的房间里和你谈谈吗？"

就这样，我和马老师都坐了下来。

乐观面对挫折和失败

"大帅，我知道你心情不好！付出那么多的努力，最后因为小小的失误而与最高荣誉擦肩而过，换成任何人遇到这样的事都会难过的。但是你知道吗，从另一个角度来说，这或许是一件好事呢！"

"好事？怎么会呢？我现在都成'罪魁祸首'了！"我难过得眼圈红了。

"呵呵，也许是我们把冠军看得太重而忽略了努力的过程。这次比赛你们太顺利，所以面对意外的结局一下难以接受是可以理解的。但是因为一次失误而陷入痛苦中不肯面对以后的生活，这是多么幼稚和无能的表现啊。人生不可能十全十美，很多时候我们付出努力却不一定可以达到我们预期的那个高度。遇到困难、挫折不可怕，可怕的是有不愿意面对、不肯重新开始的心态。失败确实令人沮丧、痛苦，那么我们如何面对？如何自我解脱呢？"

"马老师，我可以听听您的高见吗？"小甜走过来，"其实我经常有挫败感呢！"

"我们要用乐观的态度面对挫折和失败。越挫越勇，坚持自己的目标，不放弃。如果目标十分远大，我们可以改变战略，让目标变得现实。调整自己的心态，乐观面对挫折和失败，并从中总结经验和教训。人的生命似河水在奔腾，不遇到岛屿和暗礁，难以激起美丽的浪花。老师说的这些，你们能明白吗？"

"嗯！"我和小甜都点了点头，"谢谢您，马老师！"

"大帅哥哥，巴尔扎克说过，挫折就像一块石头，对弱者来说是绊脚石，让你却步不前，而对于强者来说却是垫脚石，使你站得更高。希望你振作起来，不要被这小小的挫折给击败哦！"小甜一边说，一边递给我一张纸条，"这是我贴在铅笔盒里的，希望你也喜欢哦！"说完她冲我眨眨眼睛。

我接过纸条读起来："天将降大任于斯人也，必先苦其心志，劳其筋骨，饿其体肤，空乏其身，行拂乱其所为，所以动心忍性，曾益其所不能。"

"小甜，谢谢你！"我把纸条贴在书桌前，"我也非常喜欢这段古文，我要用它激励自己重新开始！"

马老师和小甜看着我都笑起来："看来你明天可以勇敢地面对班里的同学啦！哈哈！不要再躲着我们哦！"

小纸条1

成绩一直很好的我，突然考试不及格，面对爸爸妈妈的责骂、老师的询问，我只能以泪洗面，我真是太失败了，是吗？

向日葵

小纸条2

我和班里的一个同学是竞争对手，这次英语朗诵比赛，我败给他了。面对他和其他同学的冷嘲热讽，我很痛苦，我真想离开这个班级，离开这个学校！

小古

一次不好不代表永远不好，下次考出好成绩让他们看看你的实力！

大帅

离开也改变不了你在他们心目中是"失败者"的形象，不如振作起来，用自己的努力把对手打败，让他们知道你不是弱者！

小甜

我怀疑我是一个有双重性格的人，真的！

白天在学校，我是老师、同学眼里聪明好学、健康向上的大鱼。晚上呢？谁都不知道我会变成一个内心充满叛逆、恐怖念头的人。特别是最近，我的心里总冒出一种抑制不住的邪恶念头，总会做出一些令人吃惊的事情。

学校校园网上有我们班同学建立的论坛，我、大帅和琳琳三个人是"版主"。在这个网络世界里，我们交流学习心得，谈论班级趣事、笑话，转达一些学校的通知等，当然也有善意的"灌水区"。有一次，我用一个"马甲"在论坛上发泄不满情绪后，竟然产生了一种无法言说的"快感"。

你或许知道，在全市中学生数学大赛中，大帅因为失误把到手的冠军奖杯弄丢了，这可把我气坏了！我公开在班里责怪他、辱骂他，马老师却去他家百般安慰他、鼓励他，弄得我只好忍住对大帅的憎恨，可是我又不甘心就这么压抑着心中的怒火，于是，我注册了一个"马甲"，在论坛上把他和马老师都臭骂了一顿。

"大帅这头蠢猪居然还有老师喜欢，老师瞎了眼！！"

"马老师的眼睛是怎么长的，派大帅参加比赛，真是白痴的行为！"

发表完帖子后，我感觉郁积在心里的苦闷、痛苦一下子消失得无影无踪，心情变得轻松起来！第二天上学，我发现班里被这个帖子弄得天翻地覆，同学们议论纷纷，而大帅和琳琳则气愤地诅咒发帖人，说什么"抓到就要打死他"，我真是差点笑晕。

我爸爸是大款，每天就知道做生意，根本没时间和我交流。妈妈呢，整天泡美容院或者打麻将，我真是好烦呀！虽然我口袋里有很多的钱，但是我一点也不快乐，我感觉我的爸爸妈妈一点都不关心我，我和他们之间的距离越来越远，感情越来越淡薄。

"大鱼，今天妈妈有朋友过来玩，你放学后在外面吃饭吧！"妈妈把一沓人民币塞进我手里，"钱不够妈妈再给你哦！"

"又让我出去吃馆子啊！"我反感地把钱丢到地上，"别的同学每天都吃妈妈做的饭，我却每天吃馆子！"

"吃馆子还不好？"妈妈把钱捡起来塞给我，"他们想吃还没钱吃呢！好了，别闹了，快去上学吧！"

唉，我其实一点都不喜欢这样的生活，但是我又没有办法改变它，只好忍着。放学了，我喊海子和大帅一起去吃馆子。

"我不能去了，我妈妈今天包饺子给我吃！"海子说。

"我也不行啊，爸爸刚拿了稿费，要带我和小甜去吃比萨！"大帅摇摇头。

"大鱼，真羡慕你啊，你有那么多钱，想吃什么就吃什么，想买什么就买什么！"海子和大帅异口同声地说，"我们就惨了，回家吃点穷人吃的吧！哈哈！"

没办法，我只好一个人去吃饭，我疯狂地点了一桌子的菜，可是我一点食欲都没有，勉强吃了一点就没精打采地回家。

刚走到门口就听到屋里传出打麻将的声音，我顿时产生一股厌恶的情绪。打开门，一股烟雾飘进鼻子。"咳咳！"我被呛得直咳嗽，"真讨厌！"我没好气地质问妈妈，"麻将有什么好玩的？整天就知道玩！"

"去去去！"妈妈和她的几个朋友正玩得高兴，"小孩子别乱说话！"

　　"妈妈，你每天就知道打麻将，一点不关心我！"我愤怒地说，"我和孤儿差不多！"

　　"混账东西！"妈妈生气地站起来，"给你好吃、好穿的，你还挑三拣四？你去问问你的同学，他们有几个人有你这么好的条件？真是贪心！"

　　"我要的不是钱，我要的是你和爸爸对我的关心！"我扯着嗓子叫起来。

　　"呸！真是个没良心的东西！"妈妈气急败坏地说，"你爸爸在外面起早贪黑地做生意是为了什么？不就是为了多赚钱让你以后读大学、出国留学吗？我生你落下一身的毛病，现在在家玩个麻将，你就怨天怨地，我以后还能指望你什么？"

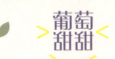

葡萄
甜甜

我被妈妈说得哑口无言，只好赌气进了自己的房间。

"这样的生活真没意思，家都没有家的味道！"我把书包使劲甩到地上，根本没心情写作业，于是我打开电脑开始闲逛，后来鬼使神差地到了班级论坛："骂人去！"我立刻穿上"马甲"，开始恶毒地骂起来。

"土包子阿花滚回乡下去，和你说话我都可以闻到臭牛屎的味道！"

"肉麻的阿美，你和班里每个男生眉来眼去，看着就让我呕吐！"

"小甜的智商有问题，应该去弱智学校！"

……

我把班里的同学差不多骂了个遍，为了不让同学们对我产生怀疑，我把自己也骂了："大鱼，你有钱有什么用，钱买不到你想要的东西！"

骂过之后，我原本糟糕的心情好了起来，"骂人"真是发泄的好办法啊。哈哈！

第二天到学校，一进教室我就听到大家在议论论坛里的事情。所有人都在揣测是谁在骂人。他们当然怀疑我，但是没有证据谁也不敢妄下结论。班主任李老师被论坛里的谩骂惹怒了："到底是谁，一定要查清楚，严肃处理！"可是查来查去，根本就查不出"幕后黑手"。

这之后，我只要心情不好、情绪低落就会去网上骂人，班级论坛已经不能让我满足了，我改去其他论坛、聊天室开始"攻击"。我心里蛰伏的魔鬼开始活跃起来，并且一发不可收。

我现在变得特别容易发怒，只要谁在学校惹我一下或者是做了令我不满意的事情，我就开始骂他"祖宗八代"，甚至还用很多平时我根本就不敢说的话在网上发言。

在夜色中，我成为班级论坛里令人厌恶的"网络幽灵"，大家对我又痛恨又无可奈何。

"这个捣乱的家伙一定是我们熟悉的人！"大帅气愤地宣布，"我不但要随时删除他的骂人帖，还要把这个家伙揪出来！"

我听了一个劲地冷笑，然后更疯狂地攻击论坛里的同学，甚至还骂我不喜欢的老师，造谣生事，弄得大帅和琳琳不停地删除我的帖子。我注册了很多个不同的"马甲"和他们玩起来。哈哈，这种匿名做坏事的感觉比被老师、同学表扬更让我开心。

"大鱼，我最近要去外地谈生意，这些钱你收着！"爸爸在我的桌子上放下厚厚一沓钱，"自己要什么就买什么，等我谈成这笔大生意，我就带你去欧洲玩玩！"

爸爸出差了，妈妈沉迷在麻将场里，我成了没人管的野马。在家里，我耳朵边整天都响着麻将的声音，我根本没法专心学习，没办法，我只好泡在网吧里打发时间。

就这样，我开始以网吧为家，我在这里学会了抽烟、喝酒，除了在聊天室骂人，我还经常看血腥和暴力电影刺激自己。我变得越来越粗暴，说话、做事开始带着一股"流氓"气息。好多同学开始疏远我，甚至在背后议论我"仗着家里有钱就作威作福"！

"哥们，怎么最近总看见你在这里玩啊？"我正在网吧和网上的一个人打"口水战"，旁边的一个花衬衫男生递过来一支烟，我立刻接过抽起来。

"没意思透了！"我抱怨着，"整天烦死了！"

"我这里有好东西，吃了保证让你忘记一切烦恼！""花衬衫"一边神秘地说，一边四处看了看，"怎么样，有胆子试试吗？"

"什么东西？"我顿时来了兴致，"有什么不敢的，拿出来我看看！"

"嘘——""花衬衫"把手放到嘴巴边，"走，我们找个僻静的地方！"

我跟着"花衬衫"走到一条僻静的巷子里。

"搞什么鬼？"我疑惑地问。

"见过这个东西吗？""花衬衫"从口袋里掏出几粒药丸，"只用吃上一粒，就可以让你立刻忘记烦恼！"

"是吗？"我接过来，仔细看了看这些药丸，"这些是什么药？"

"哈哈，哥们不会连这些都不认识吧？""花衬衫"一副陶醉的表情，"你只要吃几次就知道它们的好处了，保证让你忘记一切痛苦！"

"真这么灵？"我不敢相信，突然我明白过来，"这是不是毒品？"

"去，什么毒品！不敢试就算了！""花衬衫"一把把药丸从我手里抢回去，"我看你也没钱享受，这些东西贵呢，一粒四百块钱，你吃得起吗？"

果然是毒品！

开始我出于本能拒绝了"花衬衫"，现在被他这么一激，我的心里冒出一个念头：干一点坏事让爸爸妈妈注意我不好吗？于是，我的口气立刻变了："笑话，四百块算什么，我有的是钱！"说着，我掏出一沓钱扔给他，然后神气地接过药丸。

"嘿，哥们，有事尽管找我啊！"男生顿时像哈巴狗一样对我献媚道，"我保证让你活在快乐的世界里哦！"

带着药丸回到家，迎接我的依然是乌烟瘴气的画面，我痛苦地闭上眼睛，重重地叹口气，转身走了出来。我去哪里呢？走在路上，每个人都有自己的方向和温暖的家，我却像流浪的孩子一般不知道该去哪里寻找温暖。我想：早听说毒品可以让人忘记痛苦，也许我应该吃一点，这样我就可以解脱了。

"大鱼！大鱼！"突然听到有人喊我，我扭过头一看，是李老师，"我跟着你好久了，看你一副心事重重的样子，难道你遇到什么麻烦了？"

"李老师……"我的眼睛红了，"我……"

"别难过，我们坐下来说！"李老师担心地拍拍我的肩膀，"有什么事情，老师会帮你的！"

李老师的话

警惕犯罪心理

"李老师，我感觉我们家有钱是个错误，我吃不到妈妈做的饭，享受不到和爸爸交流的快乐，这些都是钱造成的。我真的好郁闷，有钱买不到家庭温暖啊！"

"大鱼，有钱并不是错误的，错误的是把钱花到不该花的地方。你最近成绩下降很快，到底是为什么？有同学反映你偷偷抽烟、喝酒，是真的吗？对了，我们班论坛里经常骂人的是不是你？"李老师严肃地看着我，"大鱼，其实你说不说都没关系，每个人都有选择自己人生道路的权利，但是我想提醒你，你现在还是个中学生，很容易因为一时的冲动而误入歧途。人啊，一旦走错路，想回头就很难了！"

我沉默着。

"大鱼，你的父母认为给钱是爱的表现，这虽然是错误的，但是我们不能说他们不爱你呀！或许他们没有给你足够的关心和爱护，让你产生了孤独感，可是你自己不能放纵自己哦！"

"李老师，我心里总想发泄，甚至有种想干坏事的念头！我……我想我干了坏事，爸爸妈妈就会关心我，就会注意我了！"

"大鱼，渴望得到关心和爱护是正常的，可是你知道吗，你正处于从童年走向成人的过渡期，你既渴望独立又对父母产生更多依赖，你想成熟做事又总是做出幼稚的举动，这些都让你处于复杂的心理中，这个时候的你是不安的，很容易因为外界的引诱和自己的放纵做出违法和犯罪的事情。"

"我可不想犯罪，我只是偶尔有想干坏事的念头罢了！"

　　"大鱼，你可能不知道，青少年违法犯罪有一个过程，开始只是因为某些语言、事件产生犯罪心理，一旦遇到导火索就会产生犯罪行为，从抽烟、喝酒等不良行为开始，越陷越深，最后无法自拔，走上一条不归路。我们一定要警惕犯罪心理。"

　　"李老师，"我犹豫了一下，"我下午买了毒品！"

　　"什么？毒品？"李老师吓得差点跳起来，"给我看看！"

　　我把药丸递给他，他看了看，说："这似乎不是毒品，看起来像维生素胶囊！"

　　"啊，我上当了？"我气得站起来想去找"花衬衫"。

　　"大鱼，幸亏是假东西啊！唉，现在的社会这么复杂，从黄色图片到毒品，犯罪分子总是从你们这些孩子开始下手，他们利用你们对新鲜事物，比如毒品的好奇引诱你们，让你们一步步走进他们设下的圈套。大鱼，你知道吗，很多的人被毒品害死了，其中很大一部分是年轻人呀！"

　　听了李老师的话，我真是吓得不轻："幸亏这是假的，否则我就……"

　　"大鱼，以后千万不要随便去网吧、歌舞厅等地方，这些地方鱼龙混杂，你们年纪小，很容易被坏人盯上！"

　　"嗯，李老师，谢谢您！"我羞愧地低下头，"我差点犯了大错，请不要告诉我的家长呀！"

　　这次谈话后，我主动注销了那些我用来骂人的"马甲"，抓起我心爱的数学书开始补习耽误的功课。

　　过了几天，爸爸出差回来了，李老师给他打了一个电话，我不知道他们说了什么，只知道在那之后，爸爸出差的时间变少了。他经常问起我的学习情况，还试着和我谈心、交流思想。妈妈呢，把打麻将的时间用到安排我的生活上，我再也不用去吃馆子了。

　　每天放学回家，家里都会有热气腾腾的饭菜等着我，一家人坐在一起吃饭、闲聊的日子回来了，我越来越爱妈妈和爸爸了。原来我可以这么幸福哦！惊喜！

小纸条1

我的爸爸妈妈离婚了，我和妈妈相依为命，可是一个邻居总是欺负我们，他不是骂我的妈妈，就是把垃圾倒在我家门口，我常常想报复他，烧了他家的房子！

愤怒的羔羊

小纸条2

我们班的一个女生经常在同学面前说我的坏话，还喜欢编造谣言，使大家都认为我是个"非常非常坏的人"。现在，我恨死那个女生了，我真想让她变成丑八怪。

火烈鸟

如果你进了监狱，你的妈妈依靠谁呢？你一定要努力，让你的妈妈在你的身上得到安慰！

大帅

如果你真的做了伤害对方的事，那么你就和她说的一样了，你会变成"非常非常坏的人"哦！

小甜

你是个容易上当受骗的人吗？

如果参加学校的体检，医生告诉你，你的眼睛有点近视，你会怎么做？

A.每天坚持做眼保健操

B.开始寻找治疗近视的仪器和药品

C.不相信学校的医生，去大医院再检查一下

D.无所谓，反正现在度数不高

A

你是个很自信的人，如果坏人欺骗你，你只会有25%的上当可能性。

B

你是个没有自信的人，遇到问题就很紧张，希望倒霉的事情快过去。如果坏人给你设置陷阱，你很容易就跨进去。你的上当可能性为70%。

C

你是个一有风吹草动就大惊小怪的人。你有时候被谣言弄得十分紧张，如果坏人想骗你，简直就是轻而易举的事情。你的上当可能性为90%。

D

你是个对任何事情都无所谓的逍遥派。你不怕任何困难和危险，即使考试得了0分，你也会自我安慰"下次努力好了"。想让你这样的人上当受骗，简直就是白日做梦。你是个几乎没有上当可能性的人。

哥们惹祸

"嘀嘀！"我的QQ响起来。

"大帅，明天是星期天，你和我们出去玩吗？"胡一刀问。

"好呀，去哪里玩？"我回复道。

"十一点，到书城逛逛！"

"OK（好）！"

哦，忘记介绍，这个胡一刀不是我的同学，他是我在网络上认识的一个网友。虽然我们才认识一个月，但是我们的关系很不错。有时候我们一起去网吧玩电脑游戏，有时候则喊上他的朋友去唱歌。对了，他的两个朋友也很有意思，一个"卷毛"，一个"胖子"，说话幽默，还非常讲义气！和我们班同学比，他们显得特立独行，而且很酷、很有个性！

有一天，我们几个在网吧玩游戏，蚊子很多，我被咬了好几口，"胖子"说："你一直在'新蚊连啵'！"他把我逗得哈哈大笑。玩完游戏我们一起回去，路上看见一个漂亮的女生，"卷毛"就喊："大帅，大帅，我们一起'鉴定'下这个妹妹！"

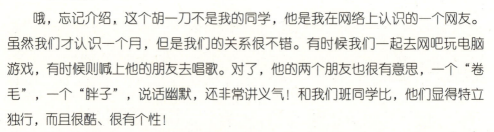

"'鉴定'是什么意思啊？"看着我一脸呆相，"卷毛"笑着说："看妹妹不叫看妹妹，叫——鉴定，好看不叫好看,叫——养眼！"我顿时恍然大悟，哈哈，这些人说话太有意思了。

后来，我把这些话都带到学校去了，大家感觉又新鲜又好玩，很快它们就变成我们班的流行语。我则成为胡一刀他们忠实的"跟屁虫"。

有时候我对胡一刀他们感到疑惑，他们白天既不上学又不上班，整天都在玩，可是口袋里总装着很多钱，我感觉好奇怪哦！我不好意思问，也许人家家里像大鱼家一样是有钱人呢！先说明，我可不是为了钱才和他们在一起的。

下午我们在书城门口会合，胡一刀拍着我的肩膀开心地说："大帅，先跟我们吃饭去！"

"不是说逛书城吗？"我颇为意外地看着胡一刀，"怎么又请我吃饭啊？每次见面，你们不是请我吃饭就是请我上网，我都不好意思了！"

"咱哥们客气什么啊？昨天我们抓了一条大鲤鱼，今天请客！"

"抓什么鲤鱼啊？你们去钓鱼了？"我一听激动起来，"下次钓鱼喊我啊，我也去！"

"呵呵，大帅，下次真喊你去，你可别害怕啊！""卷毛"一边说，一边怪异地笑起来。

"不会吧？我还会怕钓鱼？"我向"卷毛"保证，"除非你不喊我，要是喊我，我非弄条大鲤鱼给你看看不可！"

"哈哈！"胡一刀和"胖子"都笑了起来，"好了，'卷毛'，别逗大帅了，人家是学校的好学生！"

"对了，"我突然想起一个问题，"胡一刀，你们都是哪个学校的，怎么经常不上课呢？"

"这个……"胡一刀似乎不好意思开口。

"我们三个都是技术学校的，平时都在参加实习！""卷毛"接过话题解释了一番，"你别小看技术学校啊，在里面要学的技术可多了！"

"是的，我听说技术学校还要评技师，你们考了吗？"我想胡一刀他们可能以为我看不起技术学校的学生，所以我努力表现出无所谓的样子，"其实我感觉你们懂得很多，我要多向你们学习啊！"

"哈哈！"胡一刀和"胖子"、"卷毛"都笑了起来，"大帅，你要是想学技术，我们可以随时教你！""好好好！"我看他们那么高兴便跟着高兴起来，"有时间一定讨教！"

吃了饭，"卷毛"提议去游泳。"好呀！"胡一刀和"胖子"都赞成，"大帅，你去不去啊？"

"我想去啊，但是我没带游泳裤！"

"没带咱买去啊！"胡一刀从口袋里掏出钱，我一看——厚厚一沓，估计有几

千块呢！看来胡一刀家是"大款之家"哦！

"不用了！你们要买，你们买去，"我实在不好意思吃了人家的饭，还要人家买东西，"我家就在前面，我回去拿就可以了！"

"行！大帅，为哥们省钱啊！""卷毛"拍拍我的肩膀，"我们陪你回去拿好了！"开始我想反对，但他们执意要陪我回家拿游泳裤，我就没再坚持。

到了小区门口，胡一刀吃惊地问："哎哟，大帅，你们家这个小区不错啊！"

"是呀，我妈妈是市医院的妇产科主任，因为她工作出色，单位奖励她一套房子！"我颇为得意地说，"我爸爸还是职业画家呢！出了很多画册！"

"想不到大帅家是知识分子家庭啊！"胡一刀笑眯眯地问，"你家住哪栋楼？"

我正要回答，却看见小甜从楼梯口出来了。

"大帅哥哥？"她疑惑地看着我身后的三个人，"他们是谁啊？"小甜使劲看着胡一刀他们。

"哦，这些是我的朋友，喊我去游泳！"我才简单地和小甜介绍了一下，小甜拔腿就上楼了。

"不好意思，我妹妹就这副臭德行！"我抱歉地对胡一刀说，"我上去修理她！"

"没事，没事！"

我生气地冲到楼上，使劲骂小甜："你对我朋友什么态度啊？一点礼貌都没有！"

"你朋友看起来不像好人，流里流气的！"

"人家是技术学校的，别胡说八道！不像好人？你才不像好人呢！"我一边骂小甜，一边把游泳裤装进背包，"等我回来再收拾你！"

"讨厌！我要告诉爸爸和妈妈，你和坏人交往！"小甜越说越离谱，要不是胡一刀他们在楼下，我真要揍她了。

下了楼，我一个劲地跟胡一刀、"胖子"和"卷毛"道歉，当然少不了把小甜给数落了一番。哈哈！

"大帅，没关系的！"

　　胡一刀真是心胸开阔的人，我真是越来越喜欢他了！要是换成我们班同学，他们肯定要怪小甜。她对人家那个态度，谁受得了啊！

　　胡一刀和"胖子"、"卷毛"在游泳馆买好游泳裤，我们就买票入场了。当然，这次又是胡一刀请客，唉，我真是不知道该如何感谢他。

　　"下次无论如何我请你们哦！"我拿着门票对胡一刀说，"总花你们的钱，不好意思啊！"

　　"好啦，别说了，我们抓紧时间游泳吧！"

　　我们匆忙换好衣服，下到泳池。游泳是我最喜欢的健身项目，我游泳的技术还不错，可惜今天泳池里的人多了点，我想畅快地游几个来回给胡一刀看看，却根本表现不了。

　　"胡一刀，你们怎么不游泳？"我看胡一刀和"卷毛"靠在岸边小声商议着什么事情，便游过去问，"你们在说什么呢？"

　　"大帅，"胡一刀停顿了一下问，"我们去抓大鲤鱼，好不好？"说完还冲我挤了下眼睛。

　　"现在？"我挠挠头，"好是好，就是……咦，'胖子'呢？"我发现"胖子"不在泳池，"我们喊上'胖子'一起去！"

　　"嘻嘻，""卷毛"贴到我耳朵边说，"'胖子'去探路了！"

　　"探路？"我越听越糊涂，他们是不是又在说什么暗语？

　　"好了，大帅，走，上来抓大鲤鱼！"胡一刀招呼我和"卷毛"上岸，我只好上去了。

　　回到更衣室，我发现"胖子"换好衣服正站在里面："'胖子'，胡一刀说我

们要抓大鲤鱼，让你去探路，可你怎么在这啊？"

"我探完了，大鲤鱼很多！哈哈！""胖子"说完，从他随身带的包里拿出螺丝刀、铁片、弹簧刀和一大串钥匙！

"你这是干什么？"我吃惊地看着"胖子"，"你包里怎么装这些东西啊？"

"大帅，你去门口把风，如果有人来你就招呼我们一声！"胡一刀拍拍我的肩膀，"让你看看我们是怎么抓大鲤鱼的！"

"你们？"我的脑海里冒出一千个问号，忽然，我明白了：抓大鲤鱼就是用这些工具撬更衣室的柜子。

"你们要偷东西？"我紧张地看了看更衣室的门外，还好没人，"胡一刀，不要偷东西，咱不是说好游泳的吗？"

"大帅，你别啰唆了！快去门口帮我们看着！""卷毛"一边说，一边和胡一刀换下游泳裤，然后开始动手撬柜子。

"我不干！我决不帮你们偷东西！"我激动得几乎叫起来。

"别喊！""卷毛"捂着我的嘴，"大帅，你不干也可以，把欠我们的钱还给我们！"

"钱？什么钱？"

"吃我们的、喝我们的、花我们的那些钱，我算便宜点，你给我们两千块，我们就让你走！""卷毛"脸上的笑容不见了，我看到的是一张可怕而狰狞的面孔。

"我没那么多钱啊！我就一百多块钱，全部给你们，好不

好？"我准备开柜子，可是他们拦住我。

"大帅，你干了这次，我们就不要你的钱了，否则，嘿嘿……"胡一刀冷笑着，"我们可知道你住哪，你妹妹长得还不错，我们可以找她玩玩！"

"不——"我一想到他们要去找小甜，吓得直哆嗦，这些人可是什么事情都干得出来的，"别找我妹妹！"

"快到门口看着点儿！"胡一刀把我推到更衣室门口，"我们动作很快的，技术一流！哈哈！"

现在我终于明白了，他们所谓的技术就是偷东西的技术。唉，我真愚蠢，我怎么一点都没把他们往坏处想呢？

很快，一个个柜子被打开，看着他们肆无忌惮地掠夺别人的财产，我又惊又怕，我想喊，我想叫，可是我一想到小甜就丧失了全部的勇气。

可能我的神情引起了保安的注意，两名保安向更衣室走过来了，我惊慌失措地对胡一刀说："有，有人来了！"

"走！"胡一刀和"胖子"、"卷毛"熟练地把东西收进包里，然后脚下生风一般跑了，"大帅，剩下的事情你处理哦！"

"别丢下我啊！"我这时候才发现，他们都换了衣服，只有我还穿着游泳裤没法逃跑。

……

我被保安扭送进了派出所。

警察让我说出同伙的信息，可是我除了知道他们的假名字外，其他的一无所知。很快，爸爸和妈妈、小甜都赶来了，我低着头，等待着严厉的惩罚。

警察叔叔的话

网络交友要慎重

"大帅，你这都是因交友不慎引起的啊！"警察叔叔严肃地看着我，"你们结交朋友是正常的事情，也是我们大人很支持的，但是，如果交了坏朋友就会让自己沾染很多恶习，比如你说的胡一刀、'胖子'等人，他们的言行举止会影响你，甚至会让你走上和他们一样的道路。"

"我以后不上网了，我就是在网上认识这些人的！我后悔死了，我不该和他们见面，更不该和他们做朋友！"

"大帅，网络上的人不都是坏人，你们因为涉世不深，很容易被网络虚拟的假象迷惑。因为好奇，因为遇事缺乏应变能力，你们很容易被别有用心的人利用。在网络上交友和在现实生活中交友有着很大的区别，人们在现实生活中的缺点很容易被网络掩盖，你们在网络上交朋友一定要小心再小心。"

警察叔叔说到这，从抽屉里拿出一份宣传单递给我："大帅，这是我们写给未成年人的《安全上网注意事项》，你和你的同学都好好学习一下吧！"

我接过宣传单，细致读起来：

"在网上，不要透露自己真实的姓名、家庭地址、学校名称、家庭电话号码等。

"不要单独和网上认识的朋友会面。如果要会面，则到人多的公共场所，并且让父母或好朋友（年龄较大的朋友）陪同。

"未经父母同意，不在网上发送自己的照片。

"网上的任何信息都可能是假的，要学会判断……"

"大帅，你要吸取这次的教训啊！看在你是受骗者且未成年的分上，我们不向你追究责任，但你要协助我们破案，抓到这些坏人！"

我悔恨得几乎流泪："我错了！我一定要帮你们抓到这些坏蛋！"无知的我，因为轻信别人而经历了一次惨痛的教训。

小纸条2

他太会伪装，太会花言巧语！我陷入网络上一个男生设置的陷阱中，现在我为了他开始撒谎，骗父母、骗同学，利用了很多关心我的人的好心，我好悔恨。

雨凡

小纸条1

我和高年级的一个男生交往。他很帅，很酷，经常喊我出去玩，但是他总提出一些令我很反感的要求，我拒绝的话他就会不搭理我，我该怎么办呢？我是一个女生，谢谢回答！

Ross

想一想，如果你答应那些令你很反感的要求，你会得到什么结果？女生交友更要慎重，万一做出令你一辈子后悔的事情，那你自己都不会原谅自己！切记：日久见人心。

小甜

不要悔恨，为了真正爱你的人，离开他，重新开始。

大帅

小纸条3

不知道为什么，才认识的一个网友的话让我听了很顺耳，可是父母说的我总是很反感，我感觉网友什么都好，我不想读书了，我要投奔到网友那去，可以吗？

坚琴之乐

一个才认识的网友可以代替生你、养你的父母吗？想一想，他（她）对你好的目的是什么？别冲动，生活需要理智。

小甜

明星之梦

"你们发现了吗，阿美长得像一个明星哦！"琳琳打开一本时尚杂志说，"你们都来看看啊！"

我凑过去一看："哎哟！"我叫起来，"阿美，你和女明星宋慧乔惊人地相似哦，眼睛、鼻子简直一模一样啊！"

"我来鉴定一下！"海子凑过来，"确实很像！阿美是不是整容了啊？哈哈，要不怎么这么像呢？"

"真的吗？"阿美拿过杂志，对着铅笔盒里的小镜子比较了一下，"你们不说我没什么感觉，一说还真有点像哦！"

"对啊，如果你化一下妆就更像了！"琳琳补充着说，"再换上漂亮的衣服，就是一个少女版的宋慧乔哦！嘻嘻！"

"嘻嘻！"阿美幸福地笑起来，"我最喜欢女明星宋慧乔了，她好美好美哦！"

阿美和我都是狂热的追星族，我们搜集了很多明星的海报和照片，还买了无数明星的唱片。以前我们都喜欢周杰伦、超级女声，自从大家说阿美像宋慧乔之后，阿美立刻转变方向，只钟爱宋慧乔一人了。她开始搜集大量宋慧乔主演的片子，还把杂志上刊登的宋慧乔的照片剪贴到一个大本子里，接着吗，嘿嘿，她便开始照着宋慧乔的样子打扮自己："小甜，你看我这个发夹漂亮吗？"阿美一下课就坐到我边上，"告诉你，我这个和宋慧乔戴的是一样的款式哦！"说着，她掏出了一张宋慧乔的照片。我仔细一对照，还真一样呢。

隔了几天，阿美穿了一条裙子来学校展示："大家看看我这条和宋慧乔的裙子是不是一样的啊？"

"真的！"我真佩服阿美的本事，"你在哪里买到的啊？"

"哈哈，我妈妈在服装城定做的哦！"阿美得意极了，"你们看我现在是不是和宋慧乔完全一样啊？"

现在，阿美张口闭口都是"宋慧乔"，我都听腻了："阿美，拜托哦，你再像宋慧乔，你也还是你自己啊！"说完这话后的一周，不要说我没想到，就是阿美自己也没想到，一件事情发生了。

"阿美，校长让你去办公室！"琳琳急匆匆地赶到教室，"听说有重要的事情找你！"

"什么事情啊？"阿美紧张地问琳琳，"校长找我干什么啊？"

"哎哟，你去了就知道了！"

阿美哆嗦着去校长室了，我们一起围着琳琳问："校长找阿美干什么？透露点消息啊！"

"保密！"琳琳故意吊我们的胃口，害得我们只能伸长脖子等阿美回教室。

很快，阿美喜滋滋地回来了。"阿美，校长找你什么事情啊？"我迫不及待地问，"看你这个表情，一定是有什么好事情哦！"

"放学后你们就知道了！嘻嘻！"

阿美居然不透露一丝口风，我们只好饱受折磨地等到放学。快下课的时候，我们班教室门口突然出现了两男一女，他们手里拿着相机、三脚架等东西。

"他们是干什么的？拿的东西是拍照用的吧？"

"给谁拍照啊？"

大家议论纷纷，下课铃声一响，海子就冲出教室："请问你们这是干什么啊？"

"阿美在吗？我们要给她拍照！"

"阿美？"我们都看着阿美。阿美这时才慢吞吞地说："他们找我当模特，宣传新校服！"

"哇——"大家叫起来，"阿美当模特了啊！好厉害哦！"很快，其他班的同学听到消息都来看热闹，我们班教室门口立刻被堵得水泄不通。

"让开啦，我要去化妆、换衣服啦！"阿美像大明星一般被女助理带去办公室化妆。当她再次出现在我们面前的时候，男生们情不自禁地吹起口哨："阿美太漂

亮了！"

　　真的，阿美被女助理一打扮，整个人令我们眼前一亮，白皙的脸蛋、新潮的校服、灿烂的笑容，真是看得人又羡慕又忌妒。

　　"阿美这么一打扮更像宋慧乔了！"

　　很快，阿美拍的校服照片被服装厂家选用到宣传广告中，全市各个中学的同学很快便穿上了由阿美代言的校服，阿美因此一夜之间出名了。

　　"这个女生就是阿美啊，真的很像宋慧乔！难怪我们的校服找她拍广告呢！"现在经常有其他学校的同学来我们学校门口看阿美。

　　"同学，可以认识你吗？"我和阿美在上学、放学的路上总能遇到慕名而来的崇拜者，特别令我羡慕的是，这些人当中有很多是帅气的男生呢！

　　"走开啦，别挡着我们啊！"每次遇到这些人，我都会帮阿美扫清"路障"，"烦不烦啊！"

　　"我们找的是阿美，你有什么烦的！"

　　唉，真是郁闷啊！我灰溜溜地站到一边，看着阿美给他们留QQ号码、电话号码。我想：如果我是明星就好了，我也可以像阿美一样风光呀！嘻嘻！

　　我和阿美还没进教室就听到里面乱哄哄的："出什么事情了？"我们赶紧走进去。

　　"阿美、小甜，你们来得正好！"大鱼递给我们一人一张唱片，"请欣赏我的唱片！"

　　"不是吧！"我尖叫着，"你什么时候出了唱片啊？我怎么一点都不知道呢？"

　　"嘻嘻，我爸爸花钱帮我制作的，我过过瘾而已！"大鱼不谦虚地吹起来，"人家制作公司说了，我只要参加专业训练，完全可以当歌星！"

　　"我们班你是第一个出唱片的人啊，真羡慕啊！"大家正说着，只见琳琳也嚷嚷起来："各位同学，请欣赏本小姐的艺术照吧！"

　　"哎哟，琳琳，你拍了艺术照啊？"我眼红地看着琳琳从书包里拿出几本相册。

"我在影楼拍的，大家看看感觉如何啊？"

"漂亮！"大家赞不绝口。琳琳陶醉地说："没人找我拍广告，我只好拍个艺术照满足一下啊！哈哈！"

看着班里的同学这么热衷当"明星"，我也蠢蠢欲动起来。特别是电视里热播的《超级女声》《我型我秀》等节目，更是大大刺激了我。不同的明星和偶像成为我追逐的目标，我从单纯地搜集明星照片发展到看演唱会、参加歌友会，还有大大小小的明星见面会。

"小甜，听说城市晚报要组织歌迷和明星见面哦！"课间的时候，阿美向我透露消息，"听说是周杰伦要来哦！你不是在城市晚报发表过文章吗？你给他们打个电话，说不定可以优先让你去呢！"

"真的啊！"我激动地跳起来，"我好喜欢周杰伦啊，我一定要去见他哦！"

"小甜，你如果去一定要带上我哦！"阿美到底不是正牌明星啊，哈哈！看她求我的样子，我立刻爽快地答应了。

一回家，我就给城市晚报打电话，一个大姐姐告诉我："听说有安排，具体时间不清楚，等通知哦！"

挂了电话，我便躺在床上开始了美好的憧憬和等待。如果我见到周杰伦，我一定要和他合影，还要他的签名照片！哇，班里的同学一定会忌妒的哦！

看着天花板，我闭上眼睛，恍惚中我自己变成了明星，很多很多的鲜花围绕着我，还有很多人追着我要我给他们签名。我站在舞台上跳舞，台下的观众发出一阵阵的欢呼声，我正得意，舞台上突然出现一个大窟窿，我掉了下去："啊——"我叫起来。

"哎哟！"我睁开眼睛一看，原来我从床上摔到地上了。

看着一屋子的明星广告和宣传画，我自言自语地说："当明星真好啊！"

"是好，又风光又耀眼，还有很多漂亮衣服和鲜花，对不对啊？"妈妈一边说，一边走进来。

"妈妈，你又要教训我啊？"我想起妈妈平时不喜欢我追星，顿时紧张起来，

"我最近考试成绩没有下降哦，你可不能阻止我去见周杰伦！"

"小甜，其实妈妈上学的时候也追过星呢！"妈妈不好意思地笑了笑。

"是吗？"我还是第一次听妈妈说她也追星呢，"你最喜欢谁啊？"

"我喜欢刘德华啊！"

"怪不得你每次都要我喜欢他呢！哈哈！"我笑起来，"可是他都过时了！我们现在都喜欢周杰伦呢！"

"小甜，我进来是想对你说——"

追偶像不如学偶像

"青少年狂热追星并不是新鲜事情，任何一个国家的孩子都会有自己爱慕的偶像。你们对明星产生崇拜感是一种正常的心理，它既满足了你们的幻想，又可以满足你们一定的虚荣心。小甜，你想过没有，就算你见到所有的明星又怎么样呢？你还是你，明星还是明星呀，对不对？我们为什么不可以把对偶像的崇拜之心化为学习榜样的动力呢？你知道吗，每一个明星都不是偶然出名的，他们是靠自己对理想执着追求才有辉煌的成就的，比如妈妈喜欢的刘德华，他只是一个普通人家的孩子，一路靠着自己的勇气和坚持不懈的努力才成为今天众人瞩目的大明星！"

"是吗？"我以前只在乎明星的服装啊，长相啊，这还是第一次听到他们成功背后的故事呢。

"小甜，其实除了影视明星，我们在生活中可以崇拜的偶像还有很多，杰出的科学家、勇敢的战斗英雄等，你别笑，以为妈妈说的很土吗？才不是哦，你想想，如果我们把偶像表面的光环去掉，他们不就是普通的人吗？我们可以从他们身上吸收有利于自己成长的成分，把偶像当作人生的榜样来学习，既然别人可以成为偶像，我们自己为什么不可以成为被人美慕的偶像呢？你的作文被刊登后，你不也当过一阵子同学们的偶像吗？为什么现在都忘记了？"

"这个……"我想起那段快乐的日子，一种被妈妈击败的感觉涌上心头，"唉，我怎么每次都被你说服呢？"

"哈哈，小甜，别忘记妈妈是从你这么大走过来的呀！"妈妈亲昵地抚摩着我的头发，"好孩子，妈妈不反对你追偶像，但妈妈希望你能把追的动力用在学习上，让自己被别人仰慕不是更有成就感吗？"

"那当然！"我揉了揉鼻子，"好吧，先让阿美和琳琳来当我的粉丝吧！下周作文比赛，我一定要写出好文章来！"

小纸条1

我好迷李宇春哦！她所有的个人档案、资料我都倒背如流，可是妈妈很反感我追星，动不动就对我发脾气！

TT

小纸条2

我们班的同学几乎都有自己喜欢的偶像，我其实不喜欢崇拜什么偶像，但是我发现，如果我没有一个偶像，他们就会笑话我"落伍"，我和同学到底谁错了呢？

小萧

看来追星已经影响了你的正常生活，还是收敛些吧！盲目追星会让人丧失自我！

大帅

同学笑话你当然不对。其实你可以崇拜爱因斯坦、比尔·盖茨、华盛顿……让他们看看，你的偶像都是伟大的人物！

小甜

"大帅，把你的脏鞋子洗干净！"

"大帅，你怎么坐没坐相，看电视把脚搁到茶几上像什么？一点规矩都没有！"

"大帅，为什么不刷碗？今天该你劳动！"

"大帅，房间怎么乱成这样？你等谁给你收拾？"

我都要烦死了，爸爸动不动就要找我的麻烦，并不留情面地斥责我。开始我还勉强听听，但是他总像一个唠叨的老太婆一般在我耳边不停地重复着。最令我不能忍受的是，自从上次我因为交友不慎进了一次派出所后，他就像抓住我的把柄一般，总把那件事拿出来说我。

吃饭了，我们一家刚坐到桌子边，爸爸就开始说教起来："大帅，我现在对你严厉都是为了你好，别拿我的话当耳边风，等你真进了监狱，后悔就来不及了！"

"你是什么爸爸？哪有爸爸诅咒自己儿子进监狱的？"我不满地嘀咕着。

"你不是被抓进派出所了吗？还敢嘴硬？"爸爸生气地把桌子一拍，"弄得我在外面都没面子，丢人不丢人？"

"你为什么老抓着我的小辫子不放呢？你要嫌我丢人，你不要管我好了！"我

强压住火，和爸爸顶了一句。

"混蛋！你要不是我儿子，我才懒得管你！"爸爸站起来，"不争气的东西，从派出所出来跟没事人一样，一点都不知道反省自己！"

"你怎么知道我没有反省？你怎么知道我不后悔？"我一气之下把筷子一丢，"不吃了！"我站起来，走向自己的房间。

"我说你几句你就发脾气，你这是什么态度？"爸爸跟在我后面叫起来。

砰！我使劲儿把房门关上，爸爸立刻拉门把手，我迅速地把门反锁上。

"好，你就关在里面不要出来好了！省得出去惹祸！"爸爸在外面不满地大叫。

"爸爸，别生气了！大帅哥哥不是故意顶撞你的！"小甜在外面劝爸爸。

我气得掉眼泪，爸爸怎么变得这么粗暴？我们现在动不动就会吵架，怎么办啊？唉，我们怎么从亲密的父子变成了仇人呢？

我真的不明白，我现在不是很听话吗？上学、写作业、温习功课，不是都按着他的意思在做吗？我现在放学都不直接回家了，回去干什么呢？进门就要看他的臭脸，听他啰唆，不如在外面玩一会儿呢，可是我又不能总待在外面，回去晚了要被骂，真是好难啊！

周末到了，一想到要和爸爸相处两天，为了避免战争，我一早起来就把自己关在房间里看书。

"大帅，"妈妈推开门，走进来对我说，"我今天要去医院加班，爸爸一早去出版社送画稿了。中午你煮点米饭，和爸爸就着剩菜凑合一顿！"

"哦，好的！"我点点头，"小甜不在家吗？"

"马上就要考试了，我怕她跟不上，给她报了个数学补习班！她要到下午才回来。"妈妈拍拍我肩膀，"好了，我走了！晚上我回来给你们做好吃的！"

"拜拜！"

妈妈一走，我便开始温习功课、做数学练习题，对了，语文老师布置的一篇作文还没写，我拿出作文本开始写起来。

写作文我不是很擅长，所以写得很慢。等我写得差不多的时候，我发现时间到了上午11点。糟糕，我赶紧站起来，平时我们家都是中午12点吃午饭的，现在抓紧做饭还来得及。

我跑进厨房，准备淘米，却发现停水了。这可怎么办？我的目光落到饮水机上，还有小半桶水，先用来做饭吧！我一边想，一边把饮水机里的水放出来做饭。真巧，剩下的水正好用完。我想：一会儿爸爸回来可能要喝水，现在停水了，饮水机里的水又被我做饭用完了，得赶紧让店里送一桶水过来。于是，我拨打电话说："喂，请给我家送一桶水。"谁知电话那边的人说："现在送水的人出去了，要等一会儿！"

"好的，麻烦你快点！"我无奈地留下地址，挂了电话。

一个上午都在学习，头有点晕，我便坐到沙发上打开电视。电视上出现了我最喜欢的篮球赛！我立刻抓起一包零食，美滋滋地看起了球赛。最近一直忙学习，我都没认真看过一场球赛，现在这场球赛正好让我放松一下。

我看得正高兴，听到身后传来开门的声音，我扭过头一看，是爸爸。

"爸爸，你回来了！"我立刻和他打了个招呼，又继续看电视。快攻，投篮，进球！"好球！"我一边看，一边喊。

"混账东西！"爸爸进门没几分钟，突然咆哮起来，"我在外面累死了，回家想喝口水都没有，你是木头人吗？"

"停水了！"我被爸爸劈头盖脸地一骂，火冒了上来，"怪我干什么？"

"饮水机的水没了，你瞎了吗？"爸爸指着饮水机质问我，"就知道看电视，家里什么事都不管，养你有什么用？"

本来我想解释"为了做饭把水用完了，一会儿人家会送水来的"，但是一看爸爸那副臭脸，我到了嘴边的话就变得充满火药味："每天就会对我发脾气，我是你的出气筒吗？"

"好小子，你现在翅膀硬了，敢和我顶嘴了！"爸爸冲过来，一把夺走我手里的遥控器，把它摔到地上，使劲踩了几下，"我让你看电视！我让你看电视！"

"你怎么一点都不讲理！"我大喊起来。

啪！爸爸一巴掌扇过来："我是你爸爸，我用不着和你讲理！"

我捂着脸愤怒地看着爸爸，眼睛里充满了仇恨。

"你不知错吗？"爸爸看我没有一点认错的样子，顿时火更大了，雨点般的拳头落在我身上，开始我还躲避，但是看他越打越狠，我心里涌起一股反抗的情绪，我不再躲避了，我咬紧牙不吭声，任凭他揍我！我想：你干脆把我揍死算了。

可能是爸爸的火发完了，也可能是他打累了，他终于停下来，一屁股坐到沙发上，抱着头万分痛苦地说："大帅，你现在怎么变成这样了？你越大越不懂事，现在还学会和我对着干了！你太伤人心了！"

看着爸爸这个样子，我心里很难过，但是我觉得我一点错都没有。

"叮咚，叮咚！"门铃响了。

我打开门，送水的人来了。唉，你就不可以早点送来吗？

我和爸爸沉默地吃了一顿饭便各自回房间。整整一个下午，我们没说一句话。

下午，小甜回来了。她似乎闻到了火药味，悄悄问："大帅哥哥，你又和爸爸吵架了？"

"是啊，爸爸最近老和我吵架，烦死了！"我简单地把今天的事情说了一遍。

小甜冲我吐吐舌头，便进了爸爸的房间。过了一会儿，我听到她说："爸爸，我和阿美去打羽毛球！"接着，就听到了她出去的声音。

我真奇怪，小甜成绩没我好，爸爸怎么对她那么宽容呢？她想出去玩，爸爸都不说她，莫非女孩子更容易得到爸爸的宠爱？我想到这不禁苦笑起来，我的苦日子还要多久才到头哦！

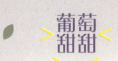

晚上，妈妈下班了，带回很多好吃的菜，但是我坐在桌子边，看着爸爸阴沉的脸，一点食欲都没有。

"小甜怎么还没回来啊？"妈妈问。

"我们先吃饭吧，不等了！她和阿美玩去了！"爸爸抓起筷子吃起来。

等我们快吃完的时候，小甜进门了。

"爸爸妈妈，我回来了！"小甜抓着羽毛球拍子，笑眯眯地跑到桌子边，"哎呀，这么多好吃的啊，我饿死了！"

"整天就知道玩，用玩的时间做几道数学题啊！"妈妈不满地瞪了小甜一下。

"我没有整天玩啊！"小甜委屈地歪了歪嘴巴。

"没玩？那你手上拿的是什么？"妈妈生气地指着小甜手里的羽毛球拍，"马上就要考试了，你还整天就想着玩！"

我想：好呀，小甜，爸爸不骂你，现在改妈妈骂了。嘻嘻，让你也体验下挨骂的滋味，你就知道哥哥我多痛苦了。

"为了让你跟得上，我特地给你花钱报了补习班，一下就花了500块钱的补习费，"妈妈一边絮絮叨叨地抱怨，一边揉了揉自己的太阳穴，"今天又在手术台边站了一天，我要加多少班才能赚到500块啊？！小甜，你怎么就不知道体谅妈妈呢？"

"对不起啊，妈妈！"小甜立刻走到妈妈背后给妈妈轻轻地捶背，"我知道你和爸爸为了我和大帅哥哥忙里忙外，我和大帅哥哥都会努力学习的！"

听了这话，妈妈的脸色好看了很多："我就希望你和大帅能考上好学校，以后有个好工作！"

"我知道啊！"小甜继续说道，"今天在补习班做了一整天的数学题，头晕眼花的，阿美喊我去打球，我想放松一下，就去了。妈妈，其实我就玩了一小会呢！"

妈妈不说话了，小甜接着说："妈妈，我今天在补习班做的题都答对了，我拿给你看看哦！"

妈妈看了小甜的作业本，顿时高兴起来："补习班的效果不错啊，这么多题目都做对了！"妈妈拍了拍小甜的头，"小甜啊，你知道用功就好了！快洗手吃饭吧！"说完，妈妈还帮小甜盛了一碗米饭。

奇怪，我本来想看小甜的笑话，等着妈妈把她臭骂一顿的，可是她怎么三言两语就把妈妈的怒火浇灭了？我百思不得其解啊。

好不容易等小甜吃完饭，我立刻把她拖到我的房间："小甜，你怎么一下就把妈妈'制服'了？你有什么妙招吗？"

平息父母怒火的妙招

"大帅哥哥，想不到你也有求我的时候哦！"小甜得意扬扬地坐到我的椅子上，"要我告诉你可以啊，你得请我吃顿麦当劳！"

"没问题，只要能让我以后不被爸爸骂或少挨骂，我就请你吃！"

"我和你今天都被爸爸或妈妈骂了，对吧？可是因为我们应对的方式不一样，得到的结果自然不一样哦！"说到这，小甜开始比画起来，"其实，当爸爸妈妈生气的时候，我们要平息他们的怒火就得采用三个妙招。第一个妙招，遇到爸爸妈妈发脾气的时候，千万不要和他们顶撞，顶撞只会让他们更恼火，也不要解释，他们正在气头上，很容易把我们的解释理解成狡辩，最好的办法是避开锋芒，关心爸爸妈妈的心情、身体等，让他们的情绪有一个缓冲过程。"

"第二个妙招，当爸爸妈妈的情绪有所改变后，我们可以针对他们话里的'火药味'进一步应对：可以很诚恳地对爸爸妈妈的操劳表示感谢啊，可以诉说自己在努力学习啊，可以表达自己对他们的关心、理解，等等。这样就可以让爸爸妈妈觉得我们很懂事，能在语言上先说服他们！"

"那还有一招是什么？"我觉得小甜说的很有道理，忍不住追问起来，"快说说！"

"最后吗，就是抓住机会，解释一下哦！针对爸爸妈妈不满意的地方做个解释，让他们能理解我们，了解我们的想法，如果我们做的没有错，他们当然不会骂我们呀！大帅哥哥，你说对不对？"

"嗯，有点道理！"我点了点头，"看来我今天本可以和爸爸避免一场战争的，都怪我不会说话啊！"

"哈哈，没错！"小甜伸出手，"快给我钱，我要吃麦当劳！"

"请、请、请！"我心服口服地掏出了零用钱。

小纸条2

我的父母总是说我笨，我一听到"笨"字就很恼火。有时候我会忍不住和他们吵架，但是我又不喜欢被人看笑话（我同学就住我家对面）。

阿力

小纸条1

我和妈妈都是火暴性子，我们说不了几句话就要吵架，现在吵架成了家常便饭，家里整天充斥着火药味，真是烦死了。

葡萄种子

吵架解决不了任何问题，你还是和妈妈坐下来好好谈一次吧！

小甜

做点不笨的事情给他们看看。你的想法是对的，还是用沟通的方式解决问题吧。也许他们只是"恨铁不成钢"，你只要更努力地学习就好，不要总恼火！

大帅

"孔雀开屏"

　　"哈哈！"几个女生被海子逗得哈哈大笑，"海子，放学和我们一起去逛街！"

　　"没问题，我帮你们背书包！"

　　"海子，我的自行车没气了！"

　　"放学我帮你打气！"

　　"海子，不好了，我课桌里有只臭虫！"

　　"我来帮你捏死它！"

　　我真不明白，为什么女生有事情都喜欢找海子呢？是因为他很会说笑话吗？还是因为他长得帅？嘻嘻，他似乎没我大帅长得帅呀！

　　真搞不懂女生喜欢什么样的男孩子，我现在越来越想在女生面前表现自己，希望班里的女生都喜欢我、关注我。嘻嘻！你别笑，其实我们男生都是这么想的，要不海子为什么那么使劲地在女生面前表现呢？真看不过去，有什么呀，他就长了一张"贫嘴"罢了。

　　读小学的时候，我最讨厌和女生说话了，看见女生就躲得远远的。现在到了中学，真是奇怪的感觉，我越来越喜欢和女生说话、交往，特别是班里的阿美同学。自从琳琳发现她长得像宋慧乔之后，我更喜欢她了，你想，谁不喜欢漂亮女生呢？我真希望阿美也喜欢我，可是我发现她被海子吸引了！

　　"海子，我发现你说话好幽默、好有意思哦！"课间操一结束，阿美和海子就凑到一起说话，"昨天放学我买了本漫画书，一会借你看看！"

　　"好！"海子一脸幸福的样子。不行，我得先下手为强。

　　我赶在阿美和海子的前面跑进教室，直接走到小甜的课桌边，把小甜的蓝墨水拿出来，这时候大家都在三三两两地说话。我装作闲逛的样子靠近阿美的抽屉，一眼便看见阿美说的漫画书躺在课桌抽屉里。于是，我把蓝墨水倒了一些在书中……

"看，昨天新买的！"阿美拿起书，谁知书里的蓝墨水一下流淌出来，弄得阿美手上、衣服上都是蓝墨水。

"哎哟，阿美，这是怎么了？"海子慌忙帮阿美擦手上的蓝墨水。

"是谁搞的鬼？"阿美委屈得似乎要哭，"真讨厌！"

"快去洗洗吧！"海子安慰着阿美，我看了心里直笑：哈哈，这下你们都看不到漫画书啰！

放学了，阿美和海子一起推着车出校门，正好被我看见。看他们有说有笑的样子，我感到很不舒服。于是我跨到自行车上，大喊着："闪开！闪开！我的刹车坏了！"并朝着阿美和海子的中间冲过去。

"啊——"阿美吓坏了，躲闪的时候她的自行车没扶稳倒了下去。

"该死的大帅，你搞什么？"海子不禁冲我叫起来。

"抱歉啦，我不小心嘛！"我嬉皮笑脸地用一只脚撑在地上，回转身体说，"刹车坏了，没办法哦！嘻嘻！"

"哎呀，海子，我的胳膊被车刮破了！"阿美把流血的胳膊抬起来，"好痛呀！"

"别担心，我书包里有张创可贴！"海子拿出创可贴给阿美。

"谢谢啊！"阿美感激地看着海子，"麻烦你帮我贴一下，我一只手贴不好！"

"没问题！"海子帮阿美贴上创可贴，我看着更不舒服了。唉，又让你做了一次好人呀！看来我得改变策略。

回到家，我便上网搜索"如何让女生注意你"的话题。一点击，网上立刻跳出几百条建议。我顿时如获至宝，仔细阅读起来：

"给女生送999朵玫瑰，让她感动。"这不行，我没钱买花，而且送玫瑰也不好意思啊！

　　"在她生病的时候安慰她！"这也不行，
阿美现在健康活泼，暂时无法实现。

　　"……"林林总总，可我看了半天也没找
到几条合适的。我郁闷地准备关掉网页，突然
看见一个"独家揭秘中学女生喜好"的链接。
这个不错，我暗喜，点开网页，细细读起来。

　　"女生喜欢特立独行的男生，最讨厌没有
个性的男生；女生有强烈的好奇心理，要吸引
她们就得与众不同……"说得真有道理，我得
到极大的启发，心底萌生出几个绝妙的点子，
明天就去学校试试。

　　第二天上学，妈妈盯着我看了

好久："大帅，你准备这样去学校？"

"嗯！"我得意地问，"酷不酷？嘻嘻！"

出了门，骑上自行车，一路上好多人回头看我，哈哈，效果还真不错哦！

到了校门口，看我的人更多了，还有女生对着我指指点点呢。我得意地走进教室。

"哇——"阿美果然一下就注意到我的与众不同，"大帅，你……太酷了吧？"说完，阿美捂着嘴巴笑起来。

"大帅，你这是什么裤子啊？"琳琳凑过来，"怎么大腿上破了七八个大洞啊？你家不会穷得没裤子穿吧？"

"这么特别的裤子你还说破？这是我的独家创意哦！"我得意地走到阿美边上，"阿美，你看我是不是酷哥啊？"

"是，你是……'苦哥'哦！哈哈！"阿美笑得趴到桌子上。

"你们笑什么啊？"小甜从我后面走过来，"大帅哥哥，你在搞什么鬼名堂？"

等小甜看清我的裤子，她也跟着笑起来："天啊，你怎么把裤子剪成这个样子啊！一、二、三……九个大窟窿，你以为你是丐帮的长老啊？"

"哈哈！"大家笑成一团，我被说得一点心情都没了。失败啊！

"安大帅，你这是学生的样子吗？回去换了衣服再来！"校长从教室门口经过，看到我的"创意"裤子非常不满。

"校长，求求您了，下午换，行不行啊？马上要上课了！"我苦着脸哀求校长。

"哼！"校长生气地走了。

课间操的时候，其他班的同学看到我的"创意裤"都笑起来，我被他们笑得浑身不自在，恨不得找个地洞钻进去。

过了几天，我在走廊里听到一个女生说："我最喜欢聪明的男生了！"哎哟，原来如此啊！这可是女生自己说的，肯定没错哦！

上数学课了，马老师刚提出问题，我马上就报出答案。嘻嘻，我的反应快吧？我偷偷看了一眼阿美，她正好在看我呢，我顿时像喝了蜂蜜一般甜哦！

马老师又问一个问题，我脱口说出了答案。"大帅，回答问题请先举手！"马老师大声说。

过了一会，马老师喊海子去黑板上做数学题，我看他写错了过程，立刻叫起来："笨蛋，这么容易的题目都不会，我就是闭着眼睛也做出来了！"

"大帅！"马老师生气地瞪了我一眼。

"大帅怎么这么讨厌啊！"我听到阿美小声说道，"他最近怎么像个小丑，总做一些乱七八糟的事情！"

阿美啊阿美，我这么做不都是因为你吗？我想让女生注意我，特别是你——我喜欢的女生——能多看看我罢了，你怎么说我是小丑呢！

一连几天我都闷闷不乐。看着阿美、琳琳跟海子、大鱼他们热烈地说这说那，我怎么也想不出我哪里不招女生喜欢！

放学回到家，我耷拉着脑袋坐在沙发上："妈妈，你说我最近是不是有毛病？"

"嗯？"妈妈停下手里在做的事情，"你最近是有点古怪，到底为什么呢？"

"我老想在女生面前表现自己，让她们注意我、喜欢我，可是她们似乎对我一点兴趣都没有！"

"哈哈！"妈妈笑起来，"原来是这样啊。"

妈妈的话

微妙的异性效应

"大帅，你的想法很正常啊，因为你正处于一种微妙的异性效应中。男孩子到了你这个年龄，随着年龄的增长和发育的日趋成熟，会逐渐对自己周围的女生产生兴趣，特别是那些令自己有好感的女生，你会渴望与她们接近和交往。为了吸引女生的目光，你便会想办法在各种场合表现自己，从而期望自己喜欢的女生会钦佩你、爱慕你，处在你这个年龄段的男生一般都会在女生面前努力地表现自己哦。"

我不好意思地笑着说："妈妈，我做了很多努力，可是女生不但不喜欢我，现在还对我有点反感呢！"

"为了引起女生的注意，获得她们的好感而表现自己没什么错，但是像'穿古怪的服装''耍小聪明''故意欺负女生'等手段就不可取了，这样往往会事与愿违，令女生反感和厌恶哦！"

"妈妈，女生的心思好难猜，你说她们到底喜欢什么样的男生啊？"

"这个嘛……"妈妈正要说，小甜开门进来了，妈妈便说，"你为什么不问问小甜呢？"

女生喜欢的男生

"我们女生都喜欢聪明好学、积极向上的男生，当我们遇到困难的时候，他们会热情地帮助我们，当我们害怕的时候他们会保护我们。男生一定要心胸开阔、豁达，做事情认真执着，有过错的时候敢于承担。当然啦，如果再加一点幽默感和机智，哎哟，就是十全十美的白马王子哦！嘻嘻！"小甜说到这笑起来，"大帅哥哥，你知道吗，我们女生在背后都把你当笑话说呢！你最近表现得太令人讨厌啦！我们女生最不喜欢靠出洋相、耍小聪明，甚至是靠打架、欺负人来表现自己能耐的男生！对了，我们女生还非常讨厌'孔雀开屏'类的男生！"

"什么叫'孔雀开屏'呀？"

"就是自以为是、自作聪明、自作多情的男生呀！"

"啊啊啊！"我一个劲儿地点头，"记住了，记住了！我一定要换个方式让女生喜欢我，哈哈！"

小纸条2

我一和女生说话就会脸红、心跳加速，有时候还会结巴，出了几次洋相后，我越来越不敢和女生说话了，生怕出丑！

雨季的飞鸟

小纸条1

我发现我总想和男生玩，总想接近男生，其他女生说我"有病"，我真的有病吗？

小女生

你这是缺少锻炼和不自信的表现，你要多和女生说话哦！怕什么呀，你又没有对女生说下流的话，对不对？

小甜

正常现象！

小甜

"死党帮"里
的飘摇

　　我以前人缘很不好，所以我现在和同学相处特别小心，生怕自己不小心得罪了他们。

　　今天全校大扫除，李老师让我和阿美、琳琳三个人负责擦玻璃和黑板。我拿着水桶去提水，回来的时候听到阿美和琳琳在争执。

　　"你和小甜擦玻璃，我一个人擦黑板！"琳琳命令道。

　　"不行，你和小甜去擦玻璃！"阿美不让步。

　　我拎着水桶走过去劝她们："你们别吵啦！"

　　"小甜，你来得正好！"琳琳拉住我问，"你说，你愿意和阿美擦玻璃还是跟我一起擦？"

　　玻璃当然没有黑板好擦，我也想一个人擦黑板呀，可是看着她们两个面红耳赤的样子，我哪里敢随便说话。

　　"这个……"

　　"什么这个那个的，小甜，你快选一个人和你去擦玻璃！"阿美毫不客气地逼迫我做出选择。

　　"我一个人擦玻璃吧！"我无奈地说。我有什么办法啊，不管选谁我都要得罪一个人，只好自认倒霉。唉！

　　周末，阿美喊我一起坐地铁去琳琳家玩，谁知当我们走到售票处时，阿美从口袋里掏出50块钱："小甜，我身上没零钱，你先垫一下，回头给你哦！"

　　地铁票3块钱一张，我想都没想就帮她买了一张。可是等阿美把50块钱换成零钱的时候，她却没有主动还我3块钱的意思，于是，我小心地问："阿美，刚才坐地铁你没零钱……"

　　我话还没说完，阿美便跳起来："急什么啊，不就3块钱吗？我回头给你！"

　　可是我等了一周，她也没有给我。3块钱不多，我实在不好意思再向她要，如果

葡萄
甜甜

我要肯定会得罪她啦！下课了，我上完WC（厕所）回来，一进教室便看见琳琳正坐在我的座位上翻我的抽屉。

"琳琳，你在找什么啊？"我赶紧走过去，可怜的抽屉被翻得乱七八糟的。

"小甜，马上要上体育课了，把你的防晒霜借我擦擦！"

"哦，你的防晒霜呢？"我随口问了一句，把防晒霜从书包里掏出来。

"我新买的舍不得用，先用你的吧！嘻嘻！"琳琳二话没说，就把我手里的防晒霜拿去狠狠挖了一块出来，"阿美，快来擦防晒霜哦！"

真是的！琳琳随便翻我的东西就算了，怎么还拿我的东西做人情呢？不用说，我再生气也只能忍了。

为期一周的篮球比赛开始了，李老师让我写几篇有关比赛的通讯报道。我高兴地答应了。

我们班在三场比赛中，输掉了两场，其中一场是因为大鱼的多次犯规让我们班丧失了主动权，而对方球队几次罚球命中取得胜利。我就此客观地写了一篇报道，谁知道学校广播室一播出这篇报道，大鱼就跑来找我兴师问罪了。

　　"小甜，你什么意思？你是不是故意和我过不去？"大鱼一脸愤怒，"我可告诉你，你不给我说清楚，我就和你没完！"

　　我一见他这架势，顿时没了主张："大鱼，我……我……"

　　"什么我、我、我的？你不要把输球的责任推到我一个人身上！你必须对你写的报道负责！"

　　其实我写报道前特地询问了裁判、老师和一些同学，大家都说输球主要是因为大鱼的几次故意犯规给对手创造了良机，可是现在他就是不认账。

　　"小甜，你必须向我道歉！你这是中伤我、诽谤我！"

　　没办法，我只好委曲求全，当着大家的面对大鱼说"对不起"。原本没错的我被大鱼这么一闹，竟然成了一个"和同学过不去的人"。我真是气极了，冤枉啊！

　　周末到了，语文老师端木老师布置了一篇作文。还没出校门，阿美就跑来对我说："小甜，明天我要参加少年宫的活动，你帮我写一篇作文吧！"

　　"不行啊！"我连忙摇头。

"你作文写得那么好，多写一篇又不会死！"阿美不高兴地说，"平时口口声声说和我是好朋友，怎么有事求你，你就拒绝？"

"我……"我哑口无言，不知道该怎么说好。

"如果太为难，我去找琳琳，她肯定会帮我这个忙的！"阿美说完转身要走，我生怕她为了这事记恨我，只好拉住她说："好吧，我帮你写！"

就这样，周末我独自写了两篇作文。唉，我真是越来越讨厌自己了，每次都不知道该如何拒绝别人的要求又不得罪他们，是不是我的嘴巴太笨了啊？还是我把友谊看得太重了呢？

上作文点评课，端木老师拿着一本作文本在全班朗读，我仔细一听，哎呀，这正是我帮阿美写的作文呢。阿美显然也听出来了，满意地冲我笑着，我看着她的笑脸，内心像打翻了五味瓶，个中滋味只有我自己知道！

下课了，端木老师让我去他的办公室一趟，我想：难道端木老师看出阿美的作文是我写的吗？

怀着忐忑不安的心情，我到了端木老师的办公室。

"小甜，阿美的作文是你帮她写的吧？"端木老师一语破的，我无奈地点点头。

"你为什么帮她写作文呢？"

"因为……"我把这段时间发生的事情都告诉了端木老师，"您说，她那么说话，我能拒绝吗？得罪了她要弄僵大家的关系，所以我只好……"

"小甜啊，拒绝别人只要讲究技巧，不但不会得罪人，而且说不定同学还会感谢你呢！不信我教教你哦！"

有技巧地拒绝不合理的要求

"平时有什么好事情大家都恨不得自己多占一点，可一到劳动时间就变得斤斤计较起来。对这样的同学，你越是帮他们，他们越不会感谢你，相反，在下一次劳动中，他们可能就理所当然地把重活、累活让你独自承担哦！聪明的做法是：邀请他们一起干！小甜，你可以和阿美、琳琳一起擦玻璃，然后再一起擦黑板，这样大家谁都不会有意见。你可以说'我擦玻璃擦不干净，万一老师检查不合格，还得你们帮我擦，不如我们现在就一起擦干净，省得麻烦'，用抬高对方的办法说服对方和自己一起劳动！"

"同学之间借钱应该是很常见的事情，可是有些同学似乎记忆力不好，总是忘记还钱。对付这样的同学啊，你可以采用增加压力的办法。比如，阿美让你垫付3块钱的地铁费，你当时可以递给她10块钱或20块钱，总之要比她需要的钱多很多，然后说'阿美，你知道我是一个守财奴哦，希望你早点还给我'，如果事后她没有还，你就要经常用玩笑的口吻说'哎哟，你不还钱我可是要追到天涯海角的''哎哟，我现在度日如年，早点还给我呀'，因为你事先说的是借给她，而事后又表示必须要还，那么她就不好意思再赖了！"

"对于琳琳这种爱占点小便宜的同学，你可以采用灵活的办法。一般来说，他们只和关系近的同学才这么不分彼此，你能接受则罢，如果你感觉这样不妥，你就可以故意夸张地说'琳琳，你总是用我的东西，是不是家里经济很困难呀？明天我让我妈妈帮你买一支吧'，我想你这么一说，她应该不会承认自己没钱买，你自然就能得到

期待的结果哦！"

　　"打'文字官司'是很麻烦的事情。对于大鱼这类事情，首先你要确定自己写的是否是事实，如果并没有诋毁同学或造谣的成分，你就可以理直气壮地对大鱼说'我是询问了裁判、老师及大多数同学的看法才这么写的，你应该吸取这个教训，而不是和我在这里大吵大闹，我们应该从这次失利中总结出经验，争取下一次取得胜利'。你的观点来自大多数人，他不能和大多数人过不去吧？你的出发点是为了班级以后的利益，他总不能损害集体利益吧？"

　　"同学之间要求帮忙写作业也不算稀罕事。对于阿美的要求，你完全可以这么说：'我很支持你参加少年宫的活动，但是写作文是提高写作水平的机会，如果你感觉写作文很难，我可以帮你，但是要我代替你写，似乎不合适。'如果她还是不满意，你可以晓以利害'作文是语文考试中占比最高的部分，如果你现在不多练习，万一考试的时候在作文上吃亏，多可惜啊'。你还要鼓励对方：'我感觉你的作文写得不错，就是还需多练练！'你这么贴心的一番话，难道不能打动阿美吗？"

　　"端木老师，您不愧是语文老师，连说话都这么有技巧！"我满意地点点头，"下次再遇到这些事情，我就按您说的试试！"

　　"小甜，和同学说话要注意谈话的冲突点，避免对立。如果能让彼此站在平等、友好的位置上，甚至是让自己站在对方的角度说话，你就可以轻松地拒绝别人的不合理要求！"

小纸条2

我的同桌总喜欢用我的手机给他以前的同学发短信，还厚脸皮地说："有了你这个免费电话亭，我再也不愁没地方借电话了！"真是气死我了！

花儿

小纸条1

我是住校生，我们宿舍有两个人总是不停地说话，当别人在温习功课的时候，他们总在那高谈阔论，根本不管别人的感受！其他人都很讨厌他们，但是不好意思当面说他们，生怕闹出不愉快。

奔腾的海

拉拢其中一个人搞学习，另外一个人不就没趣了吗？

大帅

你可以这样做：1. 不带手机到学校；2. 开玩笑地说以后要收费；3. 装出很惨的样子说："我妈妈发现我给很多人发乱七八糟的短信，要很很收拾我，求求你别再害我了，否则她调查起来，我只好把你供出去哦！"嘻嘻，相信这个家伙以后会收敛的哦！

小甜

搞定爸爸妈妈
——上

　　"各位同学，我们现在都是处于青春期的孩子，和爸妈总会有这样或那样的矛盾。我想下周的主题班会课，我们来一次'搞定爸妈大讨论'，如何？"赵琳琳站在讲台上征询大家的意见，"我们集中大家的智慧，互相学习经验，让我们都能和爸妈好好相处，融洽相处，顺利度过青春期。"

　　"这个主题好啊！"我拍手叫好，"我们互相交换搞定妈妈、爸爸的'战术'，以后就不会总和他们吵架、生气了！"

　　"好好好！"海子举起双手，"我彻底赞成琳琳的提议，这次主题课我们都要积极参加、踊跃发言！"

　　经过一周的准备之后，主题班会课开始了。看着黑板上"快乐走过青春期"几个大字和大家期待的目光，李老师微笑着说："这次主题班会课，我只担当旁听的角色，请大家畅所欲言！"

　　"如果大家不介意，我先发言吧！"琳琳站起来，"我提议的活动如果我不带头发言，岂不是显得没诚意吗？"

　　"哈哈！"同学们笑成一团，"琳琳，你要说就说好了，我们先听听你的高见！"

琳琳的发言：如何应对爸爸妈妈的唠叨

　　"我妈妈这个人喜欢唠叨，一件小事情会翻来覆去地重复很多次。开始我很反感，觉得妈妈整天为了这些芝麻大的事情唠叨很烦人，有时候我忍不住就会抱怨妈妈，弄得妈妈一肚子意见，认为我不听话，还讲不得、说不得。我越是这样，妈妈的唠叨就越疯狂地向我砸来，我真有点招架不住了。后来，有件事让我彻底改变了自己对妈妈的看法。

　　"大家还记得吧，有段时间我和阿美、小甜几个人总在放学后留在教室里排练诗歌朗诵节目。记得第一次排练，我们为了把节目排得出色，获得最佳的演出效果，特地用字典把诗歌的每一个字的拼音都查清楚，然后对着拼音仔细练习最标准的读法。当时我们都很投入，忘记了时间，等到天黑后我们才结伴离开教室。

　　"当我回到家的时候，妈妈生气地数落我放学不回家，就知道在外面野，我解释说是排练诗歌朗诵节目，谁知这么一说，她更生气了。妈妈说我即将面临升学考试，居然还有精力搞这些无聊的活动，真是脑子发昏了。她一边说一边扩大话题，什么女孩子这么晚在外面出了事怎么办、什么不回家吃饭害得她一次次地帮我热饭菜等，我当时不高兴地说："不用你多管闲事！"

　　"这下可好，她所有的牢骚、怪话都出来了："养你白养了，现在会和大人顶嘴了！""不懂事啊，就知道气大人啊！"说着说着，妈妈就哭了起来。我看妈妈哭的样子很可怜，只好和她道歉。

　　"第二天、第三天，我又很晚才到家，妈妈的唠叨以翻倍的速度暴增，气势逼人，她那个吓人的样子似乎要把我吃掉！当她又开始唠叨的时候，我终于忍不住和她吵了起来，结果妈妈生气地把给我留的饭菜都倒进了垃圾桶，我气得躲进房间。后来爸爸来劝我，我从爸爸的口中知道了很多妈妈没有说的事情。

　　"原来，天黑了以后，妈妈就一直站在窗口张望，不停地说："琳琳不知道什么时候回来，前几天小区里有个女生下晚自习回家，在路边被一个喝醉的流氓非礼了。"妈妈生怕我出意外，催着爸爸到小区门口接我！当我听完这些后，我终于明白妈妈恼火的真正原因了，妈妈是太关心我了。

　　"想通了这些后，我就采取了相应的对策。隔天上学，我主动和妈妈说还有三天排练就结束了，晚上请她和爸爸先吃饭，不要等我，我回去自己热饭菜吃。虽然我和她打招呼的时候她没搭理我，但是我知道这个事先打招呼是很有必要的。放学了，我在办公室借了电话打给妈妈，告诉她晚上男同学会送我回家，请她不要担心。这天晚上我回家的时候，妈妈和爸爸正在看电视，桌子上放着他们留给我的饭菜。我独自吃好饭并主动把桌子收拾干净。这一天，妈妈对我晚回去的事情没唠叨一句呢！

　　"这之后，我开始留心妈妈唠叨的话题，无非是"少贪玩多学习啊""天冷多穿衣服啊""晚上早点睡觉啊"，都是一些生活上、学习上的琐事，而妈妈之所以这么唠叨，是因为她还把我当小孩子看待，于是，我开始有意识地和妈妈说一些比较成熟的话题，如：我对未来的打算啊，我的理想啊，我和同学的相处之道啊，遇到家里有事情的时候，我还会主动要求帮爸爸妈妈分担一些，慢慢地，妈妈的唠叨少了，她还和爸爸说：'咱家琳琳越来越懂事了，我可以少操些心了！'

"各位同学，其实爸爸妈妈是天下最爱我们的人。他们的唠叨可能让我们感到厌烦与啰唆，我想这主要还是因为我们做的一些事情让他们不放心，如果我们可以逐渐成熟、独立起来，我想爸爸妈妈的唠叨自然会越来越少啦！"

"琳琳的话还蛮有道理的，"大帅哥哥站起来，"大家有没有和爸爸妈妈吵架的经历？"

"当然有啊，谁没和爸妈吵过架，我昨天还和妈妈吵架了！"海子逗趣地说完，大家都哈哈大笑起来。

"我要说的是'把话说顺耳，避免吵架'！"大帅哥哥走到讲台边说起来。

"随着年龄的增长，我越来越渴望独立自主地生活。这学期开始，我的个子长了很多，身体也强壮起来，我顿时有种长大的自豪感。可是，我这种自豪感受到爸爸的压制和束缚。因为我的无知，我在网络上结交了坏朋友，虽然我得到了教训，可是爸爸从此开始不信任我了，处处管制我，我有时候上网查个资料，他都会神经质地跑来查看，我和同学出去玩，稍微迟点回家，他就怀疑我去会'狐朋狗友'。一次、两次……我终于忍不住和爸爸顶嘴了，就这样，我和爸爸之间爆发了'战争'。'战争'爆发之后，我们从偶尔的小吵升级到大吵大闹。最后我竟然和爸爸成了'仇人'。

"有一天，我又和爸爸吵架了，小甜悄悄向我传授了一些避免和爸妈吵架的办法，我听了以后非常赞同，就牢牢记在心里，打算有机会实践一下。事情就这么巧，过了几天，我还真用到了小甜教我的妙招哦！"

"小甜教你的是什么妙招啊？快说啊！"大鱼催促着大帅哥哥快讲下去。

"小甜，你有好办法怎么没告诉我啊？"阿美转过头问我。

"嘻嘻，你听大帅哥哥说下去嘛！"我颇为得意地说，"告诉你又没有学费收，好可惜哦！哈哈！"

"事情是这样的——

"那天我带几个同学回家玩，因为早就听说我爸爸是画家，大家对画家感觉既神秘又新鲜，便提出看看我爸爸工作的画室。平时爸爸不允许我和小甜随便进他工作的地方，我便说：'不行，我爸爸不让人随便进画室。'谁知他们根本不听我的，直接进了爸爸的画室。进了画室，这些家伙一边对爸爸的作品赞不绝口，一边开始翻看爸爸正在创作的漫画，甚至还有同学喜欢爸爸的作品，要拿走几张画稿，我死活不给，他们才罢休。他们参观完后，爸爸的稿子被翻了个底朝天，画室里乱成一团。等同学们离开后，我想爸爸回来看见画室这么乱非发火不可，便赶紧收拾。正在这时候，爸爸回来了。

"当看见我在他的画室时，他顿时怒气冲天：'不是说不让你们随便进我的画室吗？你为什么没记性？耳朵是装饰品吗？'他说着就走进画室，当看见乱七八糟的画室时，他更是暴跳如雷，'大帅，你怎么把这里搞成这样？你是不是不想让我工作了？你这个臭小子怎么这么无法无天？'爸爸顺手拿起一把尺子就要打我。

"'爸爸，您回来啦！'我赶紧笑眯眯地对爸爸说，'您辛苦了，我先给您倒杯水，您再慢慢收拾我吧！'我迅速从爸爸身边溜走，去厨房倒了一杯水送到画室。

"爸爸狠狠地瞪了我一眼，收回要揍我的尺子：'别以为给我倒水就算了。'他接过水喝了一口。

"我趁机说：'我知道您一定会生气的。'

"'知道我会生气你还进来捣乱！'

"'爸爸，我知道您特别热爱您的这份工作，所以我平时从没擅自进过画室，您说是不是呢？今天这里这么乱是因为家里来了一批您的崇拜者！'

"'崇拜者？'爸爸听了顿时糊涂起来，'什么崇拜者？'

"'我的一些同学到我们家玩，提出要看看画家工作的地方，您知道，我同学的父母没有一个是画家，他们对您是又崇拜又羡慕呀！我实在阻挡不了，便做主让他们进来了。'说到这里，我悄悄观察爸爸，发现他的脸色好看多了。

"'那也不能把我这里搞这么乱啊，你看看，画稿次序都乱了，颜料也翻了，画笔被丢得乱七八糟……'爸爸虽然在陈述我的'罪状',但是语气已经缓和下来。

"我决定趁热打铁,把爸爸的怒火浇熄:'爸爸,您知道吗,我的同学们可喜欢您的作品了,有人还想收藏您的作品呢!要不是我拼命保护您的作品,估计这个时候,您这里的稿子要少一大半呢!'

"'哈哈,臭小子,在哪学会了拍马屁?'爸爸笑起来。

"'爸爸,我没有拍马屁,我是真的为自己有一个画家爸爸骄傲啊!'这次我是发自内心地说话,'爸爸,我现在就把您的稿子整理好,我保证让这里恢复原样!请原谅我的同学们的冒失!'

"'好了好了,既然这样,也不能完全怪你,算了,我自己收拾吧!'爸爸已经完全不生气了,'大帅,如果你的同学们真喜欢我的画,我可以送几幅给他们,就是麻烦他们以后不要来捣乱了!'

"'真的啊?谢谢爸爸!'我喜出望外,赶紧保证,'您放心,绝对不会有下次了!'

"故事说到这里,大家是不是明白了呢?如果在和爸爸妈妈发生冲突的时候,我们不是和他们扯着嗓子吵架,而是冷静应对,用顺耳的话就可以化干戈为玉帛。发生冲突的时候,我们如果有错要勇敢承认,不要嘴硬和父母狡辩,那样只会火上浇油,让矛盾升级;如果我们没有过错,也不要自以为有理便和爸爸妈妈抬杠,不妨耐心听听父母的劝告。难道他们的出发点不是为了我们好?爸爸妈妈毕竟比我们有更多的生活经验,看问题会更加全面、客观,他们希望我们不要重复他们曾经犯过的错误,而是一帆风顺、快乐地走过一生。"

"大帅,你说得很细致,不过我还想补充一些!"大鱼站起来,"我感觉'注意礼节,尊敬父母'也可以避免'战争'!"

"礼节?和爸爸妈妈之间还要讲礼节啊?"阿美不解地问,"那不会和爸爸妈妈显得生疏吗?"

"让我来说说我的故事吧!"大鱼走到讲台边侃侃而谈起来。

"之前我在家一直都很随便,就像阿美说的,从不注意和爸爸妈妈讲究礼节,更不知道尊敬父母及他们的朋友。

"有一天放学回家，爸爸的一个同学正坐在我家沙发上和爸爸说话。我一看，是我认识的刘叔叔，这个刘叔叔长得很胖，平时爸爸妈妈都喜欢喊他'胖子'，于是我张口就喊：'哎呀，胖子来了啊！'刘叔叔尴尬地笑笑，爸爸则生气地斥责我：'没大没小的，喊叔叔！'我嬉皮笑脸地进了房间，使劲把门砰地一下用脚踹上。爸爸立刻在外面喊起来：'大鱼，你关门不会轻点儿吗？'我听了只当小事，没往心里去。

"过了一会儿，妈妈进屋喊我吃饭，我便大大咧咧地走到餐桌边坐下。我一看，桌子上放着我最喜欢吃的炸香肠，立刻高兴地叫起来：'太棒了，我最喜欢吃炸香肠了！'这时候，刘叔叔被爸爸拉到餐桌边：'大鱼，刘叔叔也喜欢吃炸香肠，把盘子放刘叔叔面前！''什么？他都这么胖了，哪能再吃啊，再吃还不变成猪八戒！'我的话把爸爸气得脸通红，他挥手就要揍我，刘叔叔赶紧拉着爸爸的手说：'哎呀，大鱼说的没错，我是要减肥了！'我一听刘叔叔的话，立刻抓起炸香肠塞进嘴里大吃起来。

"吃了饭，爸爸和刘叔叔坐在沙发上喝茶、聊天，我准备背诵英语单词，却发现我的复读机不见了。我想似乎是丢在沙发上了，便走过去翻找起来，还不停地说：'我的复读机怎么没了？我记得明明在这里啊！'刘叔叔见状便和爸爸坐到阳台的藤椅上去了，我呢，可好，跑到藤椅边一把拉起刘叔叔，'我看看这里有没有！'我的举动明显令刘叔叔感到不自在，这次他没有再坐下去，而是皱着眉头和爸爸妈妈告辞了。刘叔叔一走，爸爸就火冒三丈地冲到我面前，拎着我的衣服领子给了我两巴掌！"

"哈哈！笑死我了！"同学们笑成一团，李老师也忍不住了："大鱼，你真是活该被揍啊！"

"是啊！"大鱼无奈地摊开手，"我一直都认为这些是小事情，可就是这些小事情惹恼了爸爸。说来说去，都怪我不拘小节，做事不动脑子，没有想到不尊敬爸爸妈妈的朋友等于不尊敬爸爸妈妈，我真是自己找抽呀。呵呵！"大鱼不好意思地笑起来，"这次之后，我再没敢对爸爸妈妈的朋友无礼，可是我犯了其他的错误！”

"爸爸出差要回来了，妈妈做了一桌子好菜等爸爸，我呢，因为和同学约好去游泳，抓起筷子就风卷残云地吃起来，好好一桌子菜被我弄得乱七八糟的，爸爸回来责怪妈妈，妈妈气得把我的耳朵拧得通红。晚上爸爸疲倦地回房间睡觉，我却开着电视机在客厅看球赛，妈妈走过来要我把声音弄小点，我还强调：'今天是周末，我看个球赛也不可以啊！'谁知话音才落，头就被狠狠敲了一记，我回头一看，爸爸正红着眼睛、举起拳头想揍我呢！"

"看来和爸爸妈妈相处的时候也得注意礼节、分寸，不能太自私！"阿美若有所思地点点头，"我们平时就记得自己的生日，很少为爸爸妈妈庆祝生日呢！"

"是啊，每次妈妈问我吃什么菜，我都点我喜欢吃的，从没考虑爸爸妈妈的口味，爸爸出差了，我要他无论多忙也得给我带礼物，呵呵，真是有点过分哦！"琳琳不好意思地笑起来，"看来我们从大鱼这学会了体贴、关心爸爸妈妈！"

"很好，很好！"李老师拍手赞扬，"今天的发言非常好，大家说的话题真实又实用，看来这次主题班会课还真开对了！"

"没错，这样的主题班会课才有意义，比简单的说教强多了！"教室里的气氛更活跃了。这时，阿花站起来说："李老师，我可以发言吗？"

"当然欢迎！"李老师带头鼓掌。

阿花以前可从没在会上发过言，这次她要说什么呢？我们大家都注视着阿花……

家庭社交
青春期攻略

你有判断是非的能力吗?

如果父母给你200元钱买书,你本来想买一套世界名著,但是钱少了一点。这时候,你发现一本词典比你现在拥有的词典词量多很多,你如果买词典,200元还会有剩余,你打算怎么做?

1.拿出自己的存款买名著

2.买词典,多的钱买几本便宜的书

3.暂时不买,回去和父母再要点

选择1

你对事物有准确的判断能力,遇到问题你能做出正确的决定。你知道什么是对,什么是错。你是个有是非判断能力的人,但是你要注意一点,你常常在最后关头才做出决定,所以,你决定的事情就不要再去多想什么。

选择2

你遇到事情容易慌张,拿不定主意,你会在对和错之间徘徊。你的个性有点软弱,虽然你可能不承认,但是还是要说你缺少判断是非的能力。可能你心理还不够成熟,学着让自己独立一点,成熟一点吧。

选择3

你是个很容易做出判断的人,因此你可能会做出错误的决定。你对自己有点过于自信,从而导致自己做出鲁莽的事情。你的冲动会影响你的判断,你经常对自己做出的决定感到后悔。遇到事情多思考吧,你对是非的判断能力其实很出色,你就是需要一个思考的时间。

搞定爸爸妈妈
——下

阿花红着脸站到讲台上："我……呵呵，我说出来大家别笑话！"阿花和以前比，已经自信多了，"'不要提过分的要求啃老'。"

"我的爸爸妈妈都是从乡下进城打工的民工一族，他们没什么大本事，只能省吃俭用地把我送进这所好学校。妈妈不止一次地对我说：'阿花，爸爸妈妈后半辈子就靠你了，你要争气啊！'看见爸爸和妈妈因为没什么文化和技术，只能靠起早贪黑地做零工、卖苦力挣钱，我告诉自己必须拼命学习，不要想学习之外的任何事情。

"可是作为一个女生，我有爱美之心。每次看见琳琳、小甜、阿美炫耀自己漂亮的衣服、时髦的鞋子，我都好羡慕哦，特别是听到同学说'因为成绩好，父母奖励我的礼物'时我就想，下次考试成绩好，我要妈妈给我买新衣服。可是真等我考了好成绩回家，一和妈妈提买衣服的事情，妈妈总是推三阻四，不给我买。一会儿说最近给乡下的奶奶买了很多药，一会儿说爸爸还没发工资，几次下来，我认为不是妈妈没钱给我买，而是她根本就不想给我买新衣服，那些话都是她搪塞我的借口。

"有一天，我的英语第一次考了90分，这是我花了很多心血才取得的成绩啊。于是，我又一次想到回家和妈妈说买新衣服的事情。放学了，我和阿美、小甜结伴回家，路上经过一家专门卖女生发饰的小店，我们三个人走了进去。店里挂着很多漂亮又可爱的发饰，阿美和小甜一口气买了好几样，其实我非常喜欢它们，但是我身上没什么钱。选来选去，我终于看中一个粉色的、水晶一般透亮的蝴蝶发饰。一问价格，要20块钱，我犹豫了，要知道我妈妈在服装厂做一整天才可以赚20多块钱啊。我伸向口袋的手拿了出来。

"'阿花，这个蝴蝶发饰就这一个了，你要是不买，可能下次来就没有啦！'

"我听了阿美的话，一咬牙把20块钱递给了老板。我戴上漂亮的发饰，顿时感觉人神气起来。回家吃饭的时候，妈妈一眼就看到我头上的发饰，便问：'多少钱？'为了不挨骂，我骗妈妈：'5块钱！'爸爸听了生气地说：'我给人家蹬三轮车送货，跑一趟才几个钱？以后不许买这些乱七八糟的东西！'我听了感觉委屈极了，我一个女生买一两样发饰有什么错？

"过了几天，我看上一顶帽子，可是它要30多块钱，为了得到它，我想到一个点子，回家我和妈妈说'学校要交补习费'，妈妈听说是学校要收费，立刻把钱给我了。从那以后，我经常用买参考书、交培训费等理由骗妈妈给我钱，然后去买自己喜欢的衣服、鞋子。终于有一天，爸爸看出了一些端倪。

"'阿花，你身上的东西都是从哪来的？'

"'是……是同学送的！'

"'哪个同学？叫什么名字？'面对爸爸的质问，我垂下了头。

"迎接我的是一顿臭骂，但是我感觉很不平，便第一次和爸爸吵了起来：'我买一点自己喜欢的东西都不可以吗？我是我们班最土的女生！'

"'现在养家糊口有多难，你知道吗？我把你带到城里是希望你好好读书，以后能有份好工作，不要像我和你妈这样累死累活地干苦力！你倒好，进城没多久，竟然学会了赶时髦！还学会骗我们的辛苦钱去买这些东西！你真是气死我了！'爸爸越说越气，忍不住从抽屉里拿出剪刀，不由分说地把我的辫子剪掉了一截儿！"

"啊！"大家听了以后叹息起来，"阿花，你爸爸好粗暴呀！"

"是啊，我当时恨死他了，发誓以后再也不和他说话！"阿花继续说起来。

"很长时间我都不理爸爸，即使我们坐在一张桌子边吃饭，我也不和他说话！妈妈看了又急又气，便劝我向爸爸道歉，但是我坚持不让步。妈妈难过地说：'阿花，咱家的情况你又不是不知道，先不说咱要养乡下多病的奶奶，就说我和你爸爸吧，我们两个现在还能打工赚钱，以后我们老了，你要没一个好工作，我们两人靠谁呢？爸爸和妈妈进城打工再苦、再累也不怕，怕的是你不好好读书啊！'听完妈妈的话，我有点醒悟了，便低着头不说话，'阿花，你是个懂事的孩子，妈妈不多说了！'妈妈摇摇头，从一个大纸盒里拿出很多衣服，我奇怪地问：'妈妈，您把工厂里的衣服拿回家干什么？''我们服装厂钉扣子是计件制，我带一些回来，晚

上在家做！'

"'多少钱啊？''钉一件衣服的扣子给5角钱的工钱！'听了妈妈的话，我像得到启发一般：'妈妈，我做好作业来帮您钉扣子！'就这样，我开始每天晚上帮妈妈钉扣子，我想我可以用自己赚的钱买我喜欢的东西，这样爸爸就不好随便责怪我了！辛苦地忙了一个月，我赚了差不多100块钱。拿着这些钱，我突然变得小气了，一心只想把钱留着买我最需要的东西！同时我领悟到爸爸妈妈赚钱的不易，为了生活，他们得拼命奔波，真的好辛苦、好艰辛！

"各位同学，我想我们现在还需要爸爸妈妈在物质上支持我们，但是我们在伸手要钱的时候，一定要三思，先考虑我们的要求是否合理，再观察爸爸妈妈手里是否拮据，如果我们在他们经济紧张的时候提出他们不能满足我们的要求，我们肯定会被斥责和痛骂，要么是骂我们'身在福中不知福'，要么就怪我们'不知道世界上还有很多人饿肚子'。其实父母总希望给我们最好的，但是我们不能因此而赖在他们身上'啃食'他们，对爸爸妈妈应该怀有感恩的心，眼睛不要只盯着他们的钱包。如果能靠自己赚点零花钱，我们不但可以分担一些爸爸妈妈的经济负担，而且能让他们知道一点，我们不是没心没肺的人，我们知道钱不是天上掉下来的，而是辛苦赚来的！很多人以为啃老是一种时髦，其实这大大伤害了爸爸妈妈对我们的感情，他们一辈子忙忙碌碌就是为了让我们'剥削'他们吗？我想我们应尽可能地少和他们提过分的要求！"

"阿花说得非常好！"我第一个带头鼓掌，"我看别的同学都有触屏手机，一直闹着要妈妈给我买，其实我要触屏手机就是为了炫耀及和同学发短信玩！我决定暂时不要触屏手机了！"

"是的，是的！"大鱼点着头，"我一直认为我家有钱，穿衣服是名牌、买鞋子要进口的，现在我想明白了，中学生只要穿着舒服就好啦！"

"好了，你们一个个不要自责了！"阿美站起来，"你们都说了如何避免和爸妈'发生战争'，我现在要说如何保护我们自己的话题——在父母面前维护自尊和保护隐私的办法。"

"也许我是女生吧，爸爸妈妈总在家教训我要自尊、要自爱，不要随便和男生交往，更不允许早恋！于是，只要有男生给我打电话，他们就会问个不停，如果看见我和男生走在一起，他们更是精神高度紧张。"阿美的话才开头就吸引了我们的注意力。这个话题有点意思哦！

"我总是和爸爸妈妈说不要这么紧张，可是他们根本不听，总千方百计地偷看我的书包、日记本、QQ聊天记录，有时候为了偷看我手机里的短信，还编造各种蹩脚的借口：'我的手机没电了！''我的手机信号不好！'然后拿走我的手机拼命偷看。唉，有时候我真是觉得又可气又可笑。

"有一天，大帅给我打电话，我接电话的时候妈妈正好在边上，看着她竖起耳朵偷听的样子，我脑子里冒出一个坏点子。我故意一直说：'好，没问题，老时间，老地方！'等我挂了电话，妈妈便问我：'谁的电话啊？找你什么事情？你们要去哪啊？'我呢，则装出紧张的样子说：'是……是同学！''同学？同学找你，为什么不到家里来？'面对妈妈的追问，我干脆不搭理，走进房间换衣服去了。妈妈一看我要出去，立刻跑进卧室喊爸爸。等我出门的时候，我发现妈妈和爸爸正鬼鬼祟祟地跟在我后面呢！

"我假装什么都不知道地向前走，走到小区门口，我东张西望地寻找大帅的影子。妈妈和爸爸躲在角落里看着我的一举一动！当大帅来的时候，我从书包里拿出他找我借的一本书递给他就转身回家了！"

"哈哈！"我终于忍不住笑起来，"阿美，你太会捉弄你爸爸妈妈啦！"

"是啊，是啊！"大鱼捂着肚子笑得直不起腰，"你爸爸妈妈真像地下工作者！哈哈！"

"后来怎么样呢？"大帅哥哥摸着头有点不好意思，"想不到向你借本书还引起这么大的反应！"

"等我回家，妈妈和爸爸已经赶在我前面进了家门，我一回去，妈妈就数落我：'借本书搞那么神秘干什么？''还不是因为你们总是神经兮兮的，我故意吓吓你们！'妈妈听了很不高兴：'我们关心你还不是为了你好？女生如果不检点，最后吃亏的是自己！'

"我听了妈妈的话，觉得一定要和她好好说说我的心里话，于是，我把妈妈拉进房间，对她说："妈妈，我知道您和爸爸非常关心我，我也知道你们总偷看我的东西，其实，我从没想隐瞒你们任何事情，但是也请你们了解，我现在长大了，希望拥有自己的隐私，如果你们总是偷看、探听，我不但会讨厌你们，还会真的刻意隐瞒你们很多事情！'

"'阿美，现在的社会这么复杂，如果我不看严些、管紧些，万一发生什么不好的事情，我会悔断肠子呀！再说，我看自己女儿的东西有什么关系！'

"'妈妈，您看我的东西当然有一万个理由，但是你们这样做只会逼迫我把本来不是秘密的事情都搞成秘密！我以后就不会把心里话告诉你们了！'

"'这个……'妈妈听了有点紧张，于是我决定把我心里计划好的话说出来。

"'我们来个约法三章，好不好？'

"'什么三章？'

"'第一，我们互相不侵犯隐私。你们大人的抽屉、包、手机我不会随便看和翻，希望我的东西你们也不要偷看，如果你们非要看我的东西，一定要得到我的允许。妈妈，我知道您已经习惯替我安排生活和学习上的一切，但是我现在进入中学了，生活的范围扩大了，思想开始成熟了，我想自己拥有一点小秘密，您难道不理解吗？'

"'第二，你们如果过分约束我，只会让我成为一个没有独立能力的废物，所以我想在我的能力范围内有一点自主权，比如：我可以不去参加你们安排的培训课，我拒绝不表示我不会努力学习；我可以不穿你们推荐的衣服，特别是一些太土的款式，我不是赶时髦，只是不要在同学中成为笑柄！妈妈，我总会在某一天离开家，离开你们，独自面对社会，那个时候您不希望我是个低能儿吧？现在请您给我多些锻炼的机会，让我以后能从容地走向外面的世界，好不好？'

"'最后一点，我们互相信任吧。我会主动告诉您关于我的一些事情。比如我最近和什么人交往，我最近热衷做什么事情，我最近情绪变化是为什么……我也会主动把我的朋友介绍给您认识。当我遇到问题的时候，我希望您是我的参谋，而不是当是非的审判官！妈妈，您也不能保证自己做的事情永远都是对的，我会理解您的一些偏激行为，但是您一定要给我说话的权利，让我们能多沟通，彼此了解。我

不会令您伤心，您也不要让我难过，好吗？'

"'好吧……'妈妈想了一会终于答应了，'臭丫头，什么时候学得这么能说会道了？看来你真的长大了！'

"各位同学，爸爸妈妈对我们的爱是永远不会变的。当他们'侵犯'我们的隐私的时候，我们千万不要和爸爸妈妈怄气或采取不搭理的态度，这样只会让事态升级。聪明的做法应该是先冷静下来，然后和父母谈心，像大人那样和父母交谈，提出自己的想法。我们要让父母知道，他们这样做伤害了我们，我们会感到难过和失望。告诉父母，我们理解他们关心我们的心情，但是不希望他们没有理由地猜疑我们、不信任我们！"

阿美的话得到全班同学的赞同，李老师终于忍不住走到讲台上。

"同学们，我对今天的班会课非常满意！你们开始成熟起来，我作为老师想给你们提3个小建议！"李老师顿了顿，继续说道，"请大家在生活中不要和父母说3句话：1.我又不是三岁小孩；2.没事别来烦我；3.不喜欢我为什么要生我。同学们，这3句话如果从我们的嘴里说出来，不但会惹父母生气，而且会令他们有痛苦的感觉。其实，很多话在父母面前是不适合随便说出口的，作为子女，我们要时刻记住：要体谅和理解父母，做一个有孝心、懂事的好孩子！"

"哗啦啦！"所有的同学都使劲鼓掌，李老师看着教室里的一张张笑脸满意地笑起来。我真为自己有这样好的老师和同学感到骄傲哦！

人家都说"青春期可怕"，我倒认为：如果我们能正确理解和面对青春期，并且努力学习各种问题的应对技巧，那么我们一定会让自己愉快地走过青春期的哦！

妈妈总喜欢用"别人的孩子如何好""看,某人的儿子多有出息"之类的话刺激我,我越来越怀疑她是不是嫌弃我呢?

小飞人

小纸条1

圣诞节的时候,有个男生给我写的"亲爱的"的贺卡被妈妈发现后,她把我臭骂了一顿。其实大家都是这么写贺卡的,可是妈妈非要我交代我和他的关系,真的好烦哦!

白雪

所有的父母都希望自己的孩子比别人家的更聪明、更优秀,妈妈只是恼你的不争气和不努力吧?你可以把自己的优点和长处多展现给妈妈看,当她提到其他孩子的时候,你不要贬低他人,而应该以其他人为榜样激励自己!

大帅

如果只是同学间的玩笑之言,你可以收到后直接拿给妈妈看,主动公开比被动发现容易得到妈妈的理解!试试看!

小甜

快来加入 ▶ 快乐阅读俱乐部！

注意，注意！特大新闻！
特特特大新闻！
快乐阅读俱乐部
公开招募会员啦！

首先，我们介绍一下俱乐部大部长：
刷刷姐姐！大家欢迎！

"欢迎各位小读者加入我们的俱乐部。在我们的俱乐部里，大家可以抢先'品尝'各种最新图书。如果你表现出色，你将有机会得到我的亲笔签名图书哦！另外，你还可以优先参加我们的'作家面对面'校园活动哦！"

赠书给小读者

"哎哟，刷刷姐姐别唠唠了，快让我也说几句吧！"土豆哥哥在一边急切地要求发言，"我是俱乐部的副部长。大家可以给我们来信，如果收到你的来信，我们会颁发'最热情读者奖'，奖品是一份神秘的礼物哦！"

"大家快来加入快乐阅读俱乐部吧！无论是在来信中报名，还是在QQ群报名，我们都会热情接待哦！"

快乐阅读俱乐部 QQ 群号：67595974　166821275　166821371
邮箱：ttbb3166@126.com
来信地址：湖南省长沙市晚报大道 89 号湖南少年儿童出版社　邮编：410016
收信人：欧阳沛老师转刷刷姐姐、土豆哥哥收

我宣布：凡在我们的图书中发现任何错误的同学，举报有奖！
奖品是什么？保密！保密！
我宣布：凡是写信表扬我们图书的同学，表扬有奖！
奖品是什么？保密！保密！
　　大家别犹豫了，抓紧时间拿起笔写信吧！神秘礼物等你抱回家哦！数量有限，你要抓紧时间来抢哦！

在刷刷姐姐讲课时争相回答的同学们

为小读者签名

和汶川灾区北川小学的同学们一起

江苏省南京市的小记者团